MONIKA WEGLER

# Katzenkinder

## entdecken die Welt

# katzenkinder

## entdecken die Welt

Die ersten sechs Lebensmonate
Wie Katzenkinder sich entwickeln und lernen
Mit Geschichten aus dem Leben von fünf Kätzchen

TEXT UND FOTOS: MONIKA WEGLER

# Inhalt

# Fit for Fun 47

# Hier herrsche ich 63

# Die Katzenkinder werden selbstständig...

## Aufbruch in die neue Welt 81

## Freundschaften fürs Leben 97

# unsere kleinen stars:

Aus zwei Würfen mit insgesamt elf Kätzchen wurden unsere fünf Superstars ausgewählt. Erleben Sie wie die Mini-Tiger heranwachsen und welche kleinen und großen Abenteuer sie dabei zu bestehen haben.

## La Bomba

Süßer Wuschel, temperamentvoll und abenteuerlustig ... auf Seite 4, 5, 14, 16, 42, 43, 45, 48, 55, 62, 66, 67, 69, 71, 74, 76, 80, 92, 93, 94, 109.

## Sirena

Mama Isabellas Ebenbild und genauso sanft und anschmiegsam ... auf Seite 6, 14, 22, 23, 26, 36, 44, 52, 62, 67, 71, 75, 90, 100, 101.

## Flori

Liebt seine Ruhe und leckeres Essen ... auf Seite 6, 10, 12, 23, 35, 40, 41, 50, 51, 53, 58, 60, 61, 64, 66, 73, 76, 80, 84, 85, 89, 99, 96, 105, 108, 111.

## silvester

Charmanter Schmusebär mit kleinen Macho-allüren ... auf Seite 2, 5, 7, 20, 21, 24, 30, 32, 33, 37, 56, 70, 95, 102, 103.

## Frederik

Sensibler Kater mit wunderschönen Augen ... auf Seite 2, 5, 18, 28, 29, 30, 57, 78, 98, 106, 107, 111.

# Vorwort

Was haben eine berühmte und erfolgreiche Eisschnellläuferin
und eine bekannte Autorin und Fotografin gemeinsam?
Es ist die Liebe zu Katzen und der Wunsch,
etwas für die kleinen Tiger zu tun.

## ANNI FRIESINGER

Tierschutz liegt ihr am Herzen. Deshalb wurde sie, neben Kai Pflaume, vom Deutschen Tierschutzbund zur ersten offiziellen Tierbotschafterin ernannt.

Katzen faszinieren mich schon von klein auf. Ich liebe vor allem ihre Eigenwilligkeit und natürlich ihre eleganten Bewegungen. Sie erfreuen uns mit ihrer Gesellschaft. Auch wenn Katzen nicht immer das tun, was wir uns wünschen, spüren sie doch, wenn man zum Beispiel ein „Tief" hat. Instinktiv suchen sie dann unsere Nähe, um uns zu trösten und wieder aufzumuntern.

In meinem Elternhaus lebten immer Katzen, meist zu zweit und oftmals nur Weibchen. Entweder holten wir sie direkt aus dem Tierheim, sie wurden uns vermittelt oder wir bekamen sie von einem benachbarten Bauernhof geschenkt. Mit meinem Auszug aus dem Elternhaus und nach sorgfältiger Überlegung habe ich mich für meinen Kater Snoopy entschieden. Er war unglaublich anhänglich, aufgeweckt, und sein Spieltrieb glich mehr dem eines Hundes als dem einer Katze. Leider wurde er nach nur drei Jahren von einem Auto angefahren und getötet. Ich konnte und wollte ihn bisher nicht „ersetzen", denn für mich gibt es keinen vergleichbaren Kater.

Aber ich möchte mich weiterhin für die Rechte der Tiere engagieren. Dazu geben mir mein öffentliches Leben und mein Amt als Tierbotschafterin ganz besondere Möglichkeiten. Ich liebe Katzen, und damit war klar, dass ich mich für die „Katzenkinder" einsetze. Ich wünsche dem Buch alles Gute und viel Erfolg.

# MONIKA WEGLER

Sie lebt und arbeitet seit 1983 als freie Fotografin und Autorin in München.
Ihr Engagement für den Tierschutz, insbesondere für Katzen, ist beispielhaft.

Mein gesamtes Leben habe ich mit Tieren verbracht, viel durch sie gelernt und Freude durch sie erfahren. Ich betrachte sie als meine Mitgeschöpfe, die unseren Respekt und unsere Liebe gleichermaßen verdienen.

Meine besondere Liebe gilt den Katzen und so entstand die Idee, ein Buch über die Entwicklung der niedlichen Katzenkinder zu machen. Um dieses Buch in der Qualität, die mir vorschwebte, verwirklichen zu können, war es erforderlich, alle Katzenkinder bei mir aufzuziehen und im hauseigenen Studio zu fotografieren. Bis ich alle Fotos „im Kasten" hatte und die letzte Textzeile geschrieben war, ist nun fast ein Jahr vergangen.

An meine Arbeit und mich selbst stelle ich hohe Ansprüche. Bei meinen Fotos geht es mir vor allem darum, das Wesen des Tieres einzufangen und seine Persönlichkeit hervorzuheben. Die Katzenkinder und auch meine erwachsenen Katzen zeigten sich während der Fotoproduktion als wahre Supermodels, denen die „Arbeit" vor der Kamera richtig Spaß gemacht hat.

Lassen Sie sich nun die Geschichten von La Bomba, Flori, Sirena, Silvester, Frederik und den anderen Katzen und Kätzchen erzählen. Sie alle sind – jede auf ihre Art – etwas ganz Besonderes. Außerdem erfahren Sie viel Wissenswertes über die richtige Haltung und den Umgang mit den liebenswerten kleinen Tigern.

# Mama ist die Beste

Neugeborene Kätzchen sind hilflose Wesen, die ganz auf die Fürsorge ihrer Mutter angewiesen sind.

Mit geschlossenen Augen und taub liegen sie im Wurfkorb und werden von der Kätzin besonders in den **ersten 3 Lebenswochen** unermüdlich gesäugt, gewärmt und von ihr sauber gehalten. Ein wahrer „Fulltimejob", der Mama Katze kaum Zeit für eigene Bedürfnisse lässt.

# Wir sind da!

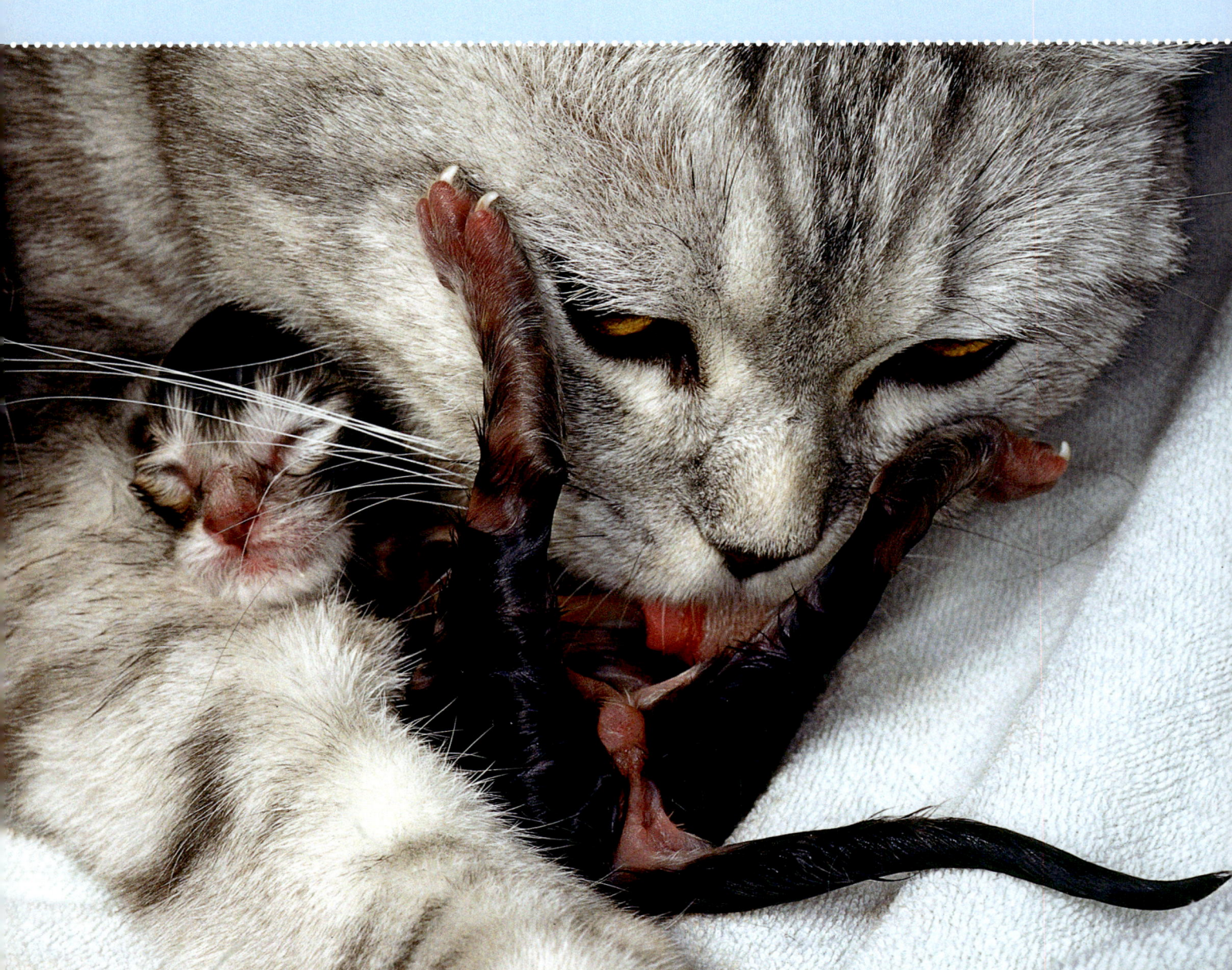

**IM FEBRUAR GERÄT** meine Kätzin Isabella in den liebestollen Ausnahmezustand, den man Rolligkeit nennt. Sie wälzt sich wollüstig am Boden, streckt uns beim Streicheln das Becken entgegen und ruft sehnsuchtsvoll nach einem Kater. Die sonst eher leise, zurückhaltende Kätzin schreit mit solch laut miauender Urgewalt, dass es uns allen den Schlaf raubt. Ich plante zwar Nachwuchs für die einjährige Isabella, wollte aber noch einige Monate warten, sie von einem Kater decken zu lassen. Isabella dagegen hat es eilig. Und so verführt sie, während ich ahnungslos unten im Arbeitszimmer schreibe, meinen einzigen unkastrierten Kater Dolittle oben auf dem Dachboden. Mit seinen knapp sieben Monaten hielt ich den „Spätentwickler" Dolittle für sexuell viel zu unreif und damit für „ungefährlich". Immerhin zeigte er in unserer Anwesenheit nie auch nur das geringste katerliche Interesse an der rolligen Kätzin. Dieser Schlawiner! Isabellas Bauch wird nach fünf Wochen immer umfangreicher, und der Tierarzt stellt schließlich fest, was nicht mehr zu übersehen ist. Ich dagegen werde mit meiner 20-jährigen Katzenerfahrung von allen in meinem Freundeskreis spöttisch belächelt. „Traue eben niemals einem Kater!" Wie wahr!

## Zwei werdende Mütter

Ich hatte mir vorgenommen, die Geburt und das Aufwachsen der Katzenkinder nicht nur in Fotos festzuhalten, sondern mir auch schriftliche Notizen zu

Kater Flori hat es geschafft. Nun werden 80 Gramm Kätzchen mit Mamas rauer Zunge trocken geleckt und so sein Kreislauf angeregt.

machen. So entstand die Idee für dieses Buch „Katzenkinder entdecken die Welt". Inzwischen war auch meine vierjährige, erfahrene Maine-Coon-Kätzin Serafina rollig geworden und ich brachte sie zu ihrem Lieblingskater außer Haus. Sie sorgt später mit ihrem bunten Wurf für Farbe unter meinen kleinen samtpföftigen Fotomodellen.

Die Tragzeit einer Kätzin liegt in der Regel zwischen 62 und 65 Tagen, so dass man den ungefähren Geburtszeitpunkt ausrechnen kann. Die Betonung liegt hierbei aber auf „ungefähr", denn erstens weiß man den genauen Befruchtungszeitpunkt fast nie auf den Tag genau und zweitens gibt es Katzen, die sich eben nicht an die Norm halten. So bleibt der Zeitpunkt der Geburt spannend bis zuletzt und es kann bis dahin durchaus auch mal 70 Tage dauern.

Serafina und Isabella sind jetzt beide besonders schmusig und werden von uns mit sanft kreisender Bauchmassage verwöhnt. In den ersten Wochen sehen wir nicht viel von den Babys im Bauch. Nur die Zitzen fühlen sich jetzt fester an und bekommen eine schöne kräftig rosa Farbe. Ab der fünften Woche biete ich beiden Katzenmüttern statt der bisher zwei, vier kleinere Mahlzeiten an. Dies ist deshalb nötig, weil sie mit ihrem, durch die Schwangerschaft, eingeengten Magen nicht mehr so viel auf einmal fressen können. Dass wir sie zusätzlich noch mehr verwöhnen, als wir es so und so schon tun, ist ebenfalls selbstverständlich. So erhalten beide Kätzinnen neben hochwertigem Dosen- und Trockenfutter mehrmals wöchentlich zusätzlich: gekochtes Huhn, Fisch, Lamm, Sahnequark mit Eigelb und etwa 2 bis 3 Esslöffel ihres Lieblingsjoghurts. Bevorzugt wird hier von beiden

Erst 3 Tage alt. Die kleinen Kätzchen liegen eng an den Körper ihrer Mutter oder eins der Geschwisterchen gekuschelt. Auch wenn die Jungen schon ein Fell besitzen, können sie in diesem Alter ihre Körpertemperatur noch nicht alleine konstant halten.

Bild oben: Isabella hält Sirena fest mit ihrer Vorderpfote umschlungen.

Bild Mitte: La Bomba liegt eng an den Bauch der Mama geschmiegt und hat sich so vollgetrunken, dass sie nun satt und zufrieden vor ihrer Lieblingszitze eingeschlafen ist.

Bild unten: Paulinchen ist eingeschlafen. Die kleine Pfote an Mamas Schnauze, träumt sie mit vom Saugen geöffnetem Mäulchen.

*Isabella und Serafina haben es geschafft.
Alle Kätzchen sind gesund
auf die Welt gekommen.*

Schleckermäulchen die Sorte, die ich auch am liebsten mag: die probiotische mit Vanillegeschmack.

Heute Mittag liegt Isabella im Wohnzimmer auf dem Teppich und lässt sich die Sonne auf den Bauch scheinen. Sie ist jetzt in der siebten Woche trächtig. Mit einem Mal bekommt ihr praller Bauch plötzlich kleine, sich bewegende Ausbuchtungen. Die Babys im Bauch treten kräftig um sich und erinnern mich daran, dass es jetzt Zeit wird, den Kätzinnen ihr Wurflager herzurichten. Katzenmütter können in der Wahl ihres Wurflagers sehr eigen sein und lassen sich in dieser wichtigen Angelegenheit von uns Menschen nichts vorschreiben.

### Ein Wurflager nach Maß

Serafina entscheidet sich nach langem Hin und Her für den Kleiderschrank in meinem Schlafzimmer als Wurflager. Hier habe ich ihr das unterste Fach mit einer warmen Decke und Laken gemütlich eingerichtet. Isabella zieht nach unten ins Wohnzimmer, in einen Korb mit Umzugskarton darüber. Hauptsache kuschelige Höhle in ruhiger Lage. Dazu wünscht Katze sich ein vertrautes Ambiente und einen guten Zugang zum „Restaurant". Die Mütter liegen schon mal Probe auf dem zukünftigen Wurflager und wühlen sich die Laken zurecht. Mein alter Kater Lionel, der alle Babys liebt und mit aufzieht, hält abwechselnd seinen Mittagsschlaf darin. Wir schließen derweil Wetten ab, wie viele Kleinen mit welchen Fellfarben auf die Welt kommen werden. Mischlingswürfe sind nämlich immer für eine Überraschung gut.

## Es ist so weit und ich bin dabei

Eine Bauernhofkatze zieht sich zum Werfen irgendwo in die Scheune zurück und versteckt anschließend ihre Jungen im Stroh. Katzenmütter dagegen, die sich ihrem Menschen eng verbunden fühlen, mögen es meist, in diesen Stunden liebevoll begleitet zu werden. Das Wichtigste dabei: viel Ruhe ausstrahlen und der Kätzin ein Gefühl von Geborgenheit vermitteln. Jegliche Hektik und eigene Nervosität schaden nur.

Am Nachmittag, um 15.00 Uhr, ist es endlich so weit. Isabella fordert mich energisch miauend auf, ihr zum Wurflager zu folgen. Die Toilette ist im Zimmer aufgestellt, eine Schüssel mit Wasser steht bereit, für frische Laken ist gesorgt und natürlich habe ich die Telefonnummer meines Tierarztes und auch das Geburtstagebuch parat. In das Geburtstagebuch trägt man Folgendes ein: Zeitpunkt der Geburt, Geschlecht, Anzahl der Nachgeburten — muss immer mit der Anzahl der Jungen übereinstimmen — und schließlich noch das Gewicht.

Unter heftigen Presswehen und mit einem durchdringenden Schrei wird der erste Kater geboren, mit Schwänzchen und Hinterbeinen zuerst. Dies ist bei Katzen nichts Ungewöhnliches, denn etwa ein Drittel der Jungen kommen so, statt mit dem Kopf voran, zur Welt. Isabella öffnet instinktiv sogleich mit den Zähnen die Fruchthülle, säubert mit ihrer rauen Zunge die Atemwege des Kleinen und leckt ihn trocken. Danach durchbeißt sie die Nabelschnur und frisst die Nachgeburt (Plazenta).

Durch dieses angeborene Verhalten hielten die wilden Vorfahren unserer Hauskatzen das Wurflager sauber und wurden mit lebenswichtigen Nährstoffen versorgt, bis sie erneut nach draußen auf Beutefang gehen mussten. Sollte die Katzenmutter dieser lebensnotwendigen Aufgabe einmal nicht nachkommen, müssen Sie helfend eingreifen.

Öffnen Sie die Fruchthülle mit den Fingern und säubern Sie mit einem rauen Handtuch die Nasenöffnung des Babys vom Schleim. Danach rubbeln Sie das

Fell gegen den Strich trocken, um so auch den Kreislauf des Katzenkindes anzuregen.

Die nächsten Jungen kommen in Abständen von 10 bis 50 Minuten zur Welt. Ich streichle zwischendurch sanft Isabellas Körper, rede ihr beruhigend zu, und sie darf während der Presswehen ihre Hinterbeine fest gegen meine Handflächen stützen. Erst als alle 6 Kleinen im Korb liegen, beziehe ich das Lager mit einem frischen Laken. Danach liegt Isabella ziemlich erschöpft, aber zufrieden auf der Seite und lässt ihre Jungen unter kräftigem Schnurren saugen.

Die Geburt von Serafina findet einige Tage später bei Vollmond statt. Und weil ich einen späteren Geburtszeitpunkt errechnet habe, bin ich nicht rechtzeitig zur Stelle. Serafina schimpft entsprechend mit mir und lässt mir auch keine Zeit, erst mal einen Kaffee zu trinken. Es ist ein Uhr morgens, und sie hat lange genug auf mich gewartet. Innerhalb einer Stunde kommen 5 Katzenbabys zur Welt. Zuerst die kräftigsten Kater, dann 2 Mädchen, zuletzt noch mal ein Kater. Sie wiegen zwischen 90 und 110 Gramm, alle etwas schwerer als Isabellas Kinder.

Eigentlich weiß ich nicht, wer sich mehr über den Nachwuchs freut. Die beiden Katzenmütter oder wir Menschen im Haus. Egal, Hauptsache alle sind gesund und wunderschön sind sie noch dazu. Ein echtes Geschenk.

## Die ersten Tage

Serafina und Isabella verlassen ihr Wurflager nur, um kurz die Toilette aufzusuchen, zu trinken und am Abend einen kleinen, leichten Leckerbissen zu sich zu nehmen. Kein Wunder, wer so viel Kraftnahrung in Form von etlichen Mutterkuchen gefressen hat, der ist erst einmal satt. Nicht so die Kleinen. Sie scheinen

## La Bomba

### MEINE ZITZE GEHÖRT MIR

Jede Kätzin besitzt insgesamt 8 Zitzen, eigentlich genug für 6 hungrige Babys. So könnte man meinen. Doch meist gibt es ein heftiges Gerangel um die hinteren „Zapfstellen". Jedes Kätzchen wählt sich vom ersten Tag an seine Lieblingszitze, die es am Geruch wiedererkennt. Und diese wird notfalls auch verteidigt. Als La Bomba heute an ihrer Nummer 4, ganz hinten oben, genüsslich saugt, versucht sich ihr Bruder Flori dazwischenzudrängen. Es gibt ein heftiges Geruder mit den Vorderpfoten. Beide stemmen sich fest in den Boden, doch La Bomba lässt nicht los. Sie gewinnt und Flori muss es woanders versuchen.

Fürsorglich leckt Serafina ihr 6 Tage altes Katzenkind Bonita. Noch ist es blind und taub, aber sein Tast- und Geruchssinn sind schon so gut entwickelt, dass das Junge seine Mutter vom ersten Tag an wiedererkennen kann.

sich an Mamas „Tankstelle" regelrecht festgesaugt zu haben, ganz nach der Devise: Wer am meisten trinkt, der wird am schnellsten groß. Immerhin gilt es in der ersten Lebenswoche sein Körpergewicht zu verdoppeln! Besonders die so genannte „Kolostralmilch", die die Kätzin in den ersten 2 Tagen produziert, enthält wichtige Immunstoffe. Sie schützen den Nachwuchs für die nächsten Wochen vor Infektionen.

Den Kleinen scheint es zu schmecken, denn sie liegen nun alle eng aneinander gekuschelt mit prall gefülltem Bäuchlein im Nest. Nachts schlafe ich,

Die ersten Tage

Ganz behutsam und nur auf dem Kissen darf meine Enkeltochter Jana den kleinen Frederik in der Hand halten. Immerhin ist das 14 Tage alte Katerchen noch sehr zerbrechlich mit seinen 240 Gramm Lebendgewicht. Und so lange schaut der Kleine noch nicht mit geöffneten Augen in die Welt. Doch in der sensiblen Prägungsphase ist liebevoller Hautkontakt zu seiner Menschenfamilie wichtig.

begleitet von schmatzenden Sauggeräuschen, gelegentlichem leisen Fiepen und Serafinas kräftigem Schnurren, ein. Eine wunderbar meditative Einschlafmelodie für gute Träume.

## Immer im Einsatz

Wenn ich meine beiden Katzenmütter so beobachte, erinnern sie mich an Menschen im Bereitschaftsdienst. Selbst beim Abendessen oder während der Nacht kann man diese Helfer in Notlagen per Funk anpiepsen und unverzüglich herbeirufen. Junge Kätzchen besitzen sogar einen eigenen eingebauten Piepser, um ihre Mutter herbeizuordern. Nicht genug, dass die beiden Mütter Milch im Überfluss spenden und die Kleinen immer dicker werden – da gibt es auch welche, die scheinen einfach nicht genug zu bekommen. So wie das blau-silber gestreifte Kind von Isabella, ein zauberhaftes Ebenbild von Mama. Nur ein zarter gelbroter Fleck auf der Stirn erinnert an ihren Papa Dolittle mit seinem roten Fell.

Als ich heute Mittag Isabella eine leckere Mahlzeit serviere und sie herbeirufe, kommt die Kätzin mit freudig erhobenem Schwanz zu mir gelaufen. Doch wer hängt da unterm Bauchfell an einer Zitze? Und wer plumpst jetzt auf den Teppich und fiept erbärmlich, so, dass Katzenmama Isabella sofort ihren Hunger vergisst und herbeieilt? Eben, dieses verfressene Mädchen, das ich sogleich Sirena taufe. Ihre Stimme ist nämlich sirenengleich. Und Sirena ist auch diejenige, die es schafft, wenn alle anderen Geschwisterchen im Wurflager satt und zufrieden beieinander schlafen, ihren Piepser mit solcher Vehemenz einzuschalten, dass Isabella sofort wieder herbeieilt. Gott sei Dank wird Sirena nach etwa 7 Tagen ruhiger, an dem Tag nämlich, als sie als Erste von allen Kätzchen ihre bis dahin miteinander verwachsenen Augenlider öffnet und mit blauen Augen in die Welt schaut.

Noch kann das kleine Kätzchen nicht komplett richtig sehen und reagiert empfindlich auf grelles

# Test:
## Alles gesund und gut entwickelt?

Ja   Nein

○  ○   1. Haben alle Kätzchen spätestens bis zum 14. Tag ihre Augen geöffnet?

○  ○   2. Nehmen sie regelmäßig an Gewicht zu und liegen satt und zufrieden im Wurflager?

○  ○   3. Frisst die Mutter mehrmals täglich mit Appetit, hat eine gute Verdauung und ist nicht über die Maßen abgemagert?

○  ○   4. Ist die Kätzin mit ihrem Wurflager zufrieden und schleppt nicht die Jungen ständig woanders hin?

○  ○   5. Können die Kleinen mit 3 Wochen gehen, ohne mit dem Bauch den Boden zu berühren?

○  ○   6. Reagieren die Kleinen ab der 2. Lebenswoche auf Umgebungsgeräusche?

Sie konnten alle Fragen mit einem klaren „Ja" beantworten? Prima. Dann steht alles zum Besten mit Ihrer Katzenfamilie. Ansonsten empfehle ich Ihnen, sicherheitshalber Rücksprache mit Ihrem Tierarzt zu halten.

Licht. Doch Sirena ist scheinbar überwältigt von diesem neuen Sinneseindruck. Mama Isabella kann nun endlich einmal ihre wohlverdienten Pausen genießen.

## Besucher erlaubt?

Jede Katze ist ja bekanntlich anders und jede Mutterkatze umso mehr. Manche benehmen sich wie wahre Furien, wenn Artgenossen ihren Jungen zu nahe kommen. Auch zweibeiniger Besuch wird nur dann toleriert, wenn er zum engsten Familienkreis gehört.

Andere Katzenmütter dagegen marschieren schon nach einigen Tagen stolz durch die Wohnung und erlauben Mitbewohnern einen kurzen Besuch bei ihren Jungen. Ich selbst überlasse diese Entscheidung immer meinen Kätzinnen.

Isabella ist die besorgtere von beiden und passt sehr genau auf. Wenn sich ein Artgenosse aus dem Rudel „daneben benimmt" und gar ihre Jungen anfaucht, wird er sofort energisch aus dem Wurfzimmer vertrieben. Serafina, weibliche Oberkatze im Haus, verhält sich souveräner. Mit einem gurrenden

Mit 16 Tagen ist Silvester noch so klein, dass er in 2 Händen gehalten werden kann. Duch unsere täglichen zärtlichen Berührungen hat er gelernt, seinen Menschen zu vertrauen und erkennt uns inzwischen nicht nur am Geruch, sondern auch an unserer Stimme und Gestalt.

„Ist schon okay" gestattet sie allen Mitkatzen kurz mal reinzuschauen. Die einen zeigen sich nach dieser Inspektion nicht weiter interessiert, die 2 Halbwüchsigen fauchen etwas befremdet, dann scheint die Neugier erst mal befriedigt.

Nur mein 10 Jahre alter Maine-Coon-Kater, Sir Lionel, der bisher jeden Wurf mit aufgezogen hat, kann den Katzenbabys einfach nicht widerstehen. Respektvoll wartend und erst, wenn die Mütter sich wohlwollend zurückziehen und zustimmend gurren, krabbelt er zu den Kleinen ins „Nest". Anfangs hatte ich Bedenken, dass der riesige Lionel mit seinen 8 kg Gewicht vielleicht ein Junges erdrücken würde. Doch dies ist nie passiert. Mit äußerster Vorsicht legt er sich um die Babys, hält dann eins nach dem anderen zwischen seinen großen Pfoten und leckt es mit Inbrunst ab. Wie bei einer erfahrenen Katzenmutter gibt es zuerst eine Bauchmassage mit Lecken der Genitalregion des Kleinen, um seine Verdauung anzuregen. Und wenn das Junge sich dann erleichtert, schleckt er es sauber und frisst die Ausscheidungen. In den ersten Wochen können Katzenkinder ihre Verdauung noch nicht selbstständig regulieren und sind auf diese Pflege angewiesen. Alle meine Katzenmütter vertrauen Lionel ihre Kinder an und betreiben derweil ausgiebig die eigene wohlverdiente Körperpflege.

Mit zweibeinigem Besuch sollten Sie sich als Katzenhalter bei allem Stolz und aller Freude in den ersten Wochen noch etwas zurückhalten. Besonders, wenn Kinder mit Ihnen im Haus leben, die ihren Freunden unbedingt die süßen Kätzchen zeigen wollen. Der Stress könnte für die Kätzin zu groß sein. Empfehlenswert ist, beim Betreten des Hauses stets

## silvester

### EIN „DUFT" SORGT FÜR VERWIRRUNG

Serafinas Kinder sind nun 6 Tage alt, können zwar noch nicht sehen und hören, dafür aber gut riechen und tasten. So erkennen sie am Geruch ihre Mama Serafina, ihre Lieblingszitze, ihre Geschwisterchen und meine vertraute Hand. Mit Hilfe ihrer Schnurrhaare nehmen sie in ihrer dunklen Welt alles wahr, was sich bewegt. Doch als ich heute wie gewohnt mit den Kätzchen spreche und sie liebevoll mit der Hand streichle, faucht mich der kleine hellrote Kater an. Und wie – er spuckt und faucht wie eine Kobra. Ich rieche sogleich an meiner Hand. Neue Hautcreme? Nein. Vorher einen Hund angefasst? Nein. Dann kommt mir die Erleuchtung. Ich habe vorhin Fisch für das Mittagessen zubereitet und trotz Händewaschens scheine ich noch danach zu riechen. Sorry, kleiner Silvester, bald kannst du auch sehen und hören. Und dann wirst du erkennen, dass dein Frauchen kein Fisch, aber dieser etwas Feines zum Fressen ist.

Isabellas Katzenkinder sind jetzt 14 Tage alt und schauen mit offenen Augen in die Welt. Auch die ersten Milchzähnchen erscheinen nun, bereiten der Kätzin jedoch keine Schmerzen, da die Jungen beim Saugen die Zitze mit der Zunge fest umschließen. Auch die Ohrmuscheln richten sich jetzt auf und die Kleinen können nun sehen und hören. Seite 22: Fest in Isabellas Griff: Klein-Sirena. Seite 23: Sirena und ihr Bruder Flori.

die Straßenschuhe auszuziehen und sich mit der guten alten Kernseife gründlich die Hände zu waschen. Der ständige Einsatz von Desinfektionsmitteln hingegen ist nicht ratsam. Man weiß heute, dass bei gesundem Nachwuchs die Immunabwehr auch ein gewisses Maß an Trainingsmöglichkeiten braucht.

## Erste zaghafte Schritte

Heute ist Flori unsanft aus dem Schrank gepurzelt und ich habe 2 Polster als Brücke zum Boden vor den Eingang gelegt. So können die Kleinen gefahrlos selbstständig rein- und rauskrabbeln.

Isabellas Kinder, nun fast 3 Wochen alt, tappen schon um ihr Wurfkörbchen herum. Manchmal liegt nur noch eines der Kleinen darin und Isabella säugt den Rest der Abenteurer nebenan unter der Heizung.

Ich stelle für beide Würfe nahe am Wurflager eine flache Toilettenschale mit Katzenstreu auf. Noch auf
wackeligen Beinchen machen sich die Kleinen auf den
Weg, um sie auszuprobieren. Doch noch weiß Katzenkind nichts Rechtes damit anzufangen.

Die Kleinen kauen vor allen Dingen auf der Streu
herum. Das machen viele kleine Katzen und deshalb
ist es wichtig, eine natürliche asbestfreie Katzenstreu –
jedoch kein Konzentrat – zu verwenden. Das erste
eigenständige „Geschäft" scheint große Anstrengung
zu bereiten. Das Kleine sitzt in der Toilette und drückt
kräftig, bis es endlich so weit ist.

Auch bei den ersten zaghaften eigenen Putzversuchen verlieren die Kleinen noch schnell das Gleichgewicht und fallen dabei um. Aber die Welt will nun
schnellstens entdeckt werden, mit allen Sinnen und
mit vollem Körpereinsatz.

## Tipp

Die Katzenmütter dürfen jetzt 4- bis 5-mal
am Tag so viel fressen wie sie wollen: hoch-
wertiges Futter (wenig Trockenfutter), gekochtes Huhn, Fisch, Lamm und Rind. Dazu
Sahnequark und täglich etwas Vitaminpaste.

# Hoppla, jetzt komm ich

Mit 3 Wochen tapsten die Kätzchen noch auf wackeligen Beinchen umher. Nun werden ihre Bewegungen geschickter und schneller. Zwischen der **4. und 6. Lebenswoche** reicht die Muttermilch nicht mehr aus, um den Hunger der immer aktiveren Jungen zu stillen. Jetzt wird es Zeit für die Kätzchen, auch feste Nahrung zu probieren.

# Kinderstube...

**ALS DIE KÄTZCHEN GEBOREN WURDEN,** war ihre Welt dunkel, still und geheimnisvoll. Wohl spürten sie die wärmende Nähe der Geschwister oder die plötzliche Kälte beim Alleinsein. Sie fiepten aus Hunger und fühlten sich satt und wohl nach dem Säugen. Die Katzenbabys ertasteten ihr Umfeld mit ihren Schnurrhaaren und lernten Fremdes und Vertrautes geruchlich zu unterscheiden. Doch erst, als sich ihre Augenlider zwischen dem 7. und 12. Tag öffneten, trat Licht und das visuelle Wahrnehmen in ihre bis dahin dunkle Welt. Und als sich auch ihre Ohren öffneten, füllte sich die Stille mit Tönen und Geräuschen. Welch aufregende neue Erlebnisse durch die Sinne, die jetzt im Alter von 4 bis 5 Wochen ausgereift und leistungsfähig wie bei einer erwachsenen Katze sind.

## Übung macht den Meister

Bis die kleinen Racker die körperliche Geschicklichkeit und Anmut der großen „Jäger auf Samtpfoten" erreicht haben, müssen sie noch viel üben und auch Erfahrungen sammeln. Doch ihre Neugier ist groß und der Drang endlich überallhin zu gelangen, durch fast nichts zu bremsen. Bei so viel Abenteuerlust kann eine besorgte Katzenmutter ganz schön in Stress geraten. Und wir mitverantwortlichen Menschen auch, denn man glaubt gar nicht, was Katzenkindern so alles einfällt. Dazu aber im dritten Kapitel mehr mit meinen Tipps, wie man diesen Übermut in sanfte, sichere Bahnen lenken kann.

Die nadelspitzen Milchzähnchen der 5 ½ Wochen alten Kätzchen Felix und Sirena haben deutliche Bissspuren auf dem Karton hinterlassen.

# 4.–6. Woche

## Auch Katzenkinder müssen laufen lernen

Die Fortbewegung eines Katzenbabys in den ersten 10 Tagen erinnert an eine Robbe am Strand. Der Nesthocker schleift mit dem Bauch über den Boden und robbt so mit paddelnden Beinbewegungen im Wurflager vorwärts.

Erst wenn in der 2. Lebenswoche Seh- und Hörvermögen unterstützend dazukommen, gelingt es dem Kätzchen, sich beim Vorwärtskriechen ein wenig höher aufzurichten und das Gleichgewicht besser zu halten. Aber noch immer tapst es als „Sohlengänger" voran, mit flach auf dem Boden aufgesetzten Füßen. Und auch das stets steil aufgerichtete Schwänzchen muss helfen, das Gleichgewicht auszubalancieren.

Mit 3 bis 4 Wochen beginnt das Kätzchen dann, sich im katzentypischen Zehenstand fortzubewegen. Seine Muskeln können nun das gesamte Körpergewicht tragen. Doch noch muss es sich stark auf seine Bewegungen konzentrieren, um nicht das Gleichgewicht zu verlieren und umzufallen. Jetzt können auch die Krallen nach Bedarf eingezogen und wieder ausgefahren werden.

Zwischen der 5. und 6. Lebenswoche laufen die Katzenkinder dann schon recht natürlich in richtiger Katzenmanier umher. Außer zur Begrüßung, wird dabei das Schwänzchen nun niedrig getragen, mit leichtem Aufwärtsschwung am Ende. Der Schwanz wird nicht mehr als Balancehilfe zum Gehen benötigt, kommt nun aber als Steuerungshilfe bei Sprüngen zum Einsatz. Die Beinbewegungen sind fließender geworden und wirken nicht mehr so staksig. Aus dem Katzenbaby ist ein Katzenkind geworden, das nun in allem seine Mutter nachahmt.

# Achtung Zweibeiner!

Heute Morgen trete ich aus meiner Dusche und will gerade zum Handtuch greifen. Da spüre ich, wie etwas Flauschiges meinen Fuß berührt. Instinktiv bleibe ich reglos stehen und schaue herab. Mein Blick fällt auf ein kleines, am Boden kauerndes Fellbündel mit angelegten Ohren, das mich aus großen blauen Augen verstört anschaut. Und als ich mich zu dem Katzenkind hinabbücke, fallen zu allem Unglück auch noch etliche Wassertropfen aus meinem nassen Haar auf sein Fell herab. Das ist zu viel des Guten. Wie ein Blitz sausen 700 Gramm Lebendgewicht davon. Die Beine scheinen dabei den Boden kaum mehr zu berühren.

Klein-Sirenas Flucht endet erst dort, wo Katzenmama Isabella im Körbchen liegt. Fürsorglich leckt diese ihr Kind ab und genehmigt Sirena eine Extraportion Milch. Und unter Schnurren, eng an Mutters warmen Körper gekuschelt, schläft das Kätzchen langsam ein. Ich bin froh, dass nichts Ernsthaftes passiert ist.

## Mit Riesen zusammen leben

Wenn kleine Katzenkinder zwischen der 4. und 6. Lebenswoche ihre Umgebung entdecken, dann sind sie etwa 17 cm hoch. Wir Zweibeiner dagegen laufen mit durchschnittlich 1,70 m Körperlänge durch die Welt. Wären wir also das Kätzchen, müssten wir bei einem entsprechenden Größenverhältnis von 1:10, mit 17 m großen Riesen zusammenleben. So hoch ist in etwa ein zweistöckiges Wohnhaus bis zum Dachfirst! Eine beängstigende Vorstellung.

Dazu kommt für die kleine Katze, dass wir Riesen oft nur in luftiger Höhe herumschauen und vergessen, was unten am Boden zwischen unseren Füßen passiert. Katzenmütter passen zwar sehr gut auf ihre Kinder auf, doch die Katzenkinder kennen viele Gefahren noch nicht. Es unterliegt deshalb auch unserer Sorgfaltspflicht, auf die Kleinen zu achten und nach unten zu schauen, bevor wir uns auf einen Stuhl oder das Sofa setzen.

## Frederik

### KATER MUTIG?

Er war von Anfang an ein „Feinfühliger"; zärtlich und anhänglich, aber allem Neuen gegenüber erst mal äußerst vorsichtig. Als Frederik mit 4 Wochen das erste Mal einer lebendigen Maus begegnet, die zudem noch frech über seinen Kopf krabbelt, verlässt ihn jeglicher Katermut. Er duckt sich, zieht seine Ohren zur Seite und schleicht verstört davon. Hat er vergessen, dass er der Jäger und das Mäuschen die Beute ist? Gut, dass er auch später in seinem neuen Zuhause ganz die Rolle spielen darf, die ihm am besten liegt: ein sanfter Schmuser, der nur Spielmäuse mit Glöckchen „erbeutet".

Trotz jahrzehntelanger Erfahrung in der Aufzucht von Kätzchen, staune ich immer wieder, was die Kleinen in ihrem Entdeckungsdrang alles anstellen können. Wie ein kätzchensicheres Zuhause aussieht, habe ich deshalb auf den Seiten 34, 36 und 37 beschrieben.

## Spielen macht klug

Haben Sie gewusst, dass eine lange behütete Kindheit mit viel Zeit zum Spielen die Kätzchen intelligenter macht? Spielen hat den Sinn, im geschützten Rahmen

„Oh Schreck, was ist denn das?" Klein-Frederik scheint seine erst 4 Wochen alte Katzenwelt nicht mehr zu verstehen. Artgenossen kennt er ja, die manchmal seltsamen Zweibeiner auch. Doch was Katze mit einem frechen Mäuschen anfängt, das wird Mama Serafina ihm wohl noch zeigen müssen.

Spielerische Raufereien unter Geschwistern sind nun an der Tagesordnung. Und bei Katzenkindern gibt es keinen menschlichen Erziehungsunsinn nach dem Motto: „Mädchen tun so etwas nicht." Kätzinnen können und dürfen genauso wild und draufgänge-risch sein wie Kater. Mit 6 Wochen sind die Range-leien übrigens noch nicht ganz so wild und raffiniert wie einige Wochen später, denn die Kätzchen müssen ihre körperliche Geschicklichkeit noch verfeinern. Foto oben und Mitte: Bonita greift von oben den sich verteidigenden Silvester an. Er verliert daraufhin sein Gleichgewicht und kippt zur Seite.
Foto unten: Katerchen Silvester rauft mit seinem Bruder Frederik.

*Ab der vierten Woche spielt Kätzchen am liebsten mit anderen Kätzchen oder mit Mamas Schwanz.*

ein Höchstmaß an Erfahrungen und körperlicher Geschicklichkeit zu erwerben. Das Spielen ist also keineswegs Zeitverschwendung oder Kinderkram, sondern biologisch durchaus sinnvoll.

Natürlich muss Kätzchen nicht alles lernen, denn vieles „weiß" es durch das Erbgut seiner Vorfahren und es handelt instinktiv richtig. So findet das blinde und taube Katzenkind ohne Hilfe Mamas Zitze und weiß, wie man daraus die Leben spendende Milch saugt und die Milchdrüsen durch das Treteln mit den Vorderpfötchen anregt. Später kann das Katzenkind schnurren, fauchen und beherrscht andere kätzische Lautäußerungen, ohne dass es diese erst mühsam erlernen muss. Andere Verhaltensweisen werden durch eigene Erfahrung mit der Umwelt und auch durch Anleitung wie etwa durch die Mutterkätzin erlernt. Und körperliche Fähigkeiten und Geschick, die nun von Woche zu Woche wachsen, müssen durch tägliches Ausprobieren weiterentwickelt werden. Doch Katzenkinder sind gelehrige Schüler.

Etwa um die 4. Lebenswoche fangen Katzenkinder an zu spielen. Anfangs noch etwas zaghaft wird das Geschwisterchen angepfotelt und auch schon mal in eine kleine Balgerei verwickelt. Die Sinne sind bis zur 5. Woche völlig ausgereift, die körperlichen Fähigkeiten jedoch müssen die Kleinen noch kräftig trainieren. Deshalb stehen jetzt auch die sozialen Spiele untereinander oder mit Mama im Vordergrund. Das objektbezogene Spielen mit einer Beute wird erst ab der 7. Lebenswoche interessant. Dann werden aus den kleinen Rackern immer geschicktere Beutefänger.

## Mama sein ist manchmal schwer

Arme Serafina. Die Kleinen werden immer frecher und wollen sich nicht mehr einschränken lassen. Anstatt brav oben im Schlafzimmer zu bleiben, rennt vor allem der freche Silvester immer mal wieder in den Flur hinaus und hüpft die Treppe hinunter. Nun ist aber Schluss! Energisch packt Serafina den Ausreißer am Nackenfell und schleppt ihn ins sichere Zimmer zurück. Doch mit seinen 5 Wochen ist der Kater schon so groß und schwer geworden, dass Serafina ihn kaum die Treppenstufen hochschleppen kann. Bum, bum, bum, macht es, wenn er – im Maul getragen und in Tragestarre verfallen – über den Boden schleift und mit dem Popo auf jeder Treppenstufe anstößt. Kaum hat sich Serafina von der Mühe erholt und den kleinen Racker liebevoll abgeschleckt, geht das Spiel wieder von vorne los. Eigentlich wäre jetzt ein energisch fauchender Verweis angebracht, und wenn das immer noch nicht hilft, ein Pfotenhieb. Doch Serafinas Geduld scheint grenzenlos.

Dann aber ist sie schließlich doch der Schlepperei überdrüssig und beschränkt sich auf die Rolle der wachsamen und fürsorglichen Begleiterin bei den Ausflügen ihrer abenteuerlustigen Kinder. Vielleicht vertraut sie ja auch meiner menschlichen Mitobhut als „Oberkatze". Draußen, alleine in einer gefährlicheren Umgebung, würde sie ihre Kinderschar bei auftauchender Gefahr energischer zurechtweisen und unerbittlich in das sichere Nest zurückscheuchen. Immerhin kann diese Maßnahme bei einem plötzlich auftauchendem Feind lebensrettend sein. Und auch die Jungen könnten sich nicht erlauben, so sorglos frech umherzutoben.

Katzenmama Serafina säugt ihre Jungen jetzt im Schichtwechsel. Mal zwei, mal drei oder wenn einer wie Silvester zu spät kommt, gibt es auch einen Extra-Service. Schwänzchen hoch, Felllecken, Austausch von Familienduft und wehe, Silvester will vorher weglaufen. Serafina hat ihn fest im Griff. Und die Milchbar wird erst geöffnet, wenn Mama fertig ist.

Doch auch sonst benötigen meine beiden Mutterkatzen jede Menge Geduld, wenn sie nämlich mal wieder als Turngerät oder für das Spiel „Wer fängt Mamas Schwanz?" herhalten müssen. Nur gut, dass in beiden Räumen jeweils ein Schrank steht, auf den die Mütter sich im Notfall zum Entspannen zurückziehen können. Bis die kleinen Racker ihnen in diese „luftige Höhe" folgen können, müssen sie noch viele Wochen wachsen und trainieren.

## Kleine Verhaltensstudien

Wenn Katzenkinder beginnen ihre Umwelt zu entdecken, macht es viel Freude ihnen dabei zuzuschauen. Es ist lustig, spannend und lehrreich zugleich. Bis die Kleinen selbstständig geworden sind und mit etwa 3 Monaten das Haus verlassen, findet untereinander

und zwischen Mutterkatze und ihren Jungen eine so intensive Kommunikation und ein vielfältiges Verhaltensrepertoire statt, wie in keinem anderen Lebensabschnitt. Nutzen Sie diese einmalige Chance und verbringen Sie so viel Freizeit wie möglich mit Ihren Tieren. So lernen Sie Katzen als Katzen verstehen und legen damit den Grundstock für ein glückliches und zufriedes Miteinander.

## Das Ritual der Begrüßung

Wenn Katzen in menschlicher Obhut leben und verstärkt, wenn sie ausschließlich im Haus gehalten werden, sind sie auf unsere Fürsorge und Nahrungsbeschaffung angewiesen. Die Freigänger und Mäusefänger leben manchmal weniger bequem, aber bis zu einem gewissen Grad auch unabhängiger. Diese sehr verschiedenen Lebensweisen prägen

### Tipp

Lernen Sie „Kätzisch" durch viel Beobachten. Und ermöglichen Sie als „Riese" Ihren Katzen ein freundschaftliches Begrüßungsritual, indem Sie sich flach auf den Boden legen und sie freundlich herbeilocken.

# Ein kätzchensicherer spielplatz

**1 ELEKTROKABEL:** Entweder Kabel entfernen, unerreichbar hochlegen oder unter Kabelrohre verstecken. Im Zahnungsalter werden Kabel mit Vorliebe angekaut und das Kätzchen kann dabei einen tödlichen Stromschlag erhalten.

**2 GUMMIBÄNDER, FÄDEN UND KORDELN:** Lassen Sie diese nie offen herumliegen. Das Kätzchen kann sich beim Spielen damit erwürgen, oder es droht ein gefährlicher Darmverschluss durch Runterschlucken.

**3 KRATZMÖGLICHKEITEN:** Zur Krallenpflege gehört in jedes Kätzchenzimmer von Anfang an ein mit Sisal oder Kokosteppich bespanntes, schräg an der Wand befestigtes Brett (ca. 20 x 60 cm). Ein zusätzlicher Kratz- und Kletterbaum, mit Hanf- oder Sisal umwickelt und oben mit einer Schlafmulde, dient außerdem als Fitnessgerät.

**4 KATZENGRAS:** Es hilft vor allem auch längerhaarigen Katzen lästige Haarballen zu erbrechen, die bei der Fellpflege aufgenommen wurden. Ideal sind: frisches Grün von Hafer oder Weizen. Bei Zypergras unbedingt darauf achten, dass die Blätter nicht zu scharfkantig sind, da sie sonst die Schleimhäute verletzen können. Meine Katzen knabbern am liebsten an Zimmerbambus.

**5 VERSTECKE:** Stabile Kartons jeglicher Größe, oben offen oder geschlossen, mit ausgeschnittenen Öffnungen seitlich, sind herrliche Anregungen, um dort mit den Wurfgeschwistern Verstecken oder Rauspfoteln zu spielen.

**6 AUS DEM ZIMMER ENTFERNEN:** Alles, was umgeworfen, zerbrochen oder verschluckt werden kann. Vorsicht bei Nischen hinter Bücherregalen, da die kleinen Racker dort hinunterfallen und stecken bleiben können.

auch das Verhalten der erwachsenen Katze zu uns Menschen. So weiß man aus der Verhaltensforschung, dass sich eine „abhängige" Katze zu uns Zweibeinern lebenslang ähnlich verhält wie ein Katzenkind zu seiner Mutter. Wir sind für unsere Katze quasi eine Art zweibeinige mütterliche Oberkatze, von der sie Zuneigung „erbettelt". Sie schmiegt sich an uns und erwartet, dass unsere Hand sie wie eine riesige Zunge leckt und streichelt. Und auch der steil aufgerichtete Schwanz, wenn die Katze zu uns gelaufen kommt, ist eigentlich ein typisches Begrüßungsritual des Katzenkindes an seine Mutter. Es stellt zugleich eine Einladung dar, die Analregion zu inspizieren.

Das freundschaftliche Grüßen dient aber nicht nur der Zuneigung. Hierbei werden auch Duftstoffe ausgetauscht, die die familiären Bande stärken sollen. So reibt sich eine Katze an ihrem Menschen, um ihn damit zu markieren, ganz nach dem Motto: „Ich mag dich. Du gehörst zu mir." Dieser innerartliche Austausch von Duftstoffen, der unserer menschlichen Nase verschlossen bleibt, geschieht mit Hilfe von Duftdrüsen im Kinn-, Lippen- und Wangenbereich der Katze. Wenn das Tier einmal die Gelegenheit erhält unser Gesicht zu erreichen, zum Beispiel wenn wir mit ihm zusammen auf dem Sofa oder Boden liegen, dann kann es uns in Katzenart begrüßen: Es reibt seine Nase an unserer, gibt Köpfchen und streicht mit erhobenem Schwanz und Hinterteil vor unserem Gesicht herum, damit wir auch seine Analregion begutachten können.

Empfinden Sie dies bitte nicht als unfein oder abstoßend, sondern stets als Zuneigungsbekundung Ihres vierbeinigen Freundes. Häufig jedoch muss sich die viel kleinere Katze mit dem begnügen, was sie bei uns großen Zweibeinern erreichen kann. So reibt sie ihre Flanken an unseren Beinen, schlingt ihren Schwanz herum und schaut erwartungsvoll zu dem weit entfernten Kopf empor, von dem die freundliche Stimme herunterklingt. Sie versucht einen kurzen

Früh übt sich, wer ein Kletterkünstler und Meister im Krallenwetzen werden will. Für Flori, 6 Wochen alt, empfiehlt sich ein nur 80 cm hoher Kletterbaum, denn mit dem sicheren „Abstieg" hapert's noch.

steifbeinigen Begrüßungs-Hopser und drückt dann glücklich ihren Kopf gegen unsere Hand, wenn diese endlich zu ihr hinunterlangt und sie liebevoll streichelt. Und wie sie schnurrt und tretelt, wenn dazu die Geräusche der Futterzubereitung erklingen. „Endlich ist mein Mensch wieder da. Und Futter bekomme ich auch gleich. Herrlich!"

## Sirena

**TELEFONGESPRÄCH MIT FOLGEN**

Gerade als ich die Katzentoilette aus Isabellas Kinderstube zum Reinigen raustrage, klingelt das Telefon. Meine beste Freundin ist am Apparat und es wird ein langes Gespräch. Etwa zwei Stunden später trage ich endlich die gereinigte Toilette zurück ins Zimmer. Oh je, meine ganzen Notizen, die ich am Boden liegend bei den Kätzchen geschrieben habe, sind durchwühlt. Fast jedes Blatt „ziert" eine herausgebissene Ecke, und oben drauf scharrt Sirena geschäftig herum. Nun ja, sie hat durchaus einen Sinn fürs Wesentliche. Ihr kleiner „See" landete nicht auf dem banalen Teppich, sondern auf den wichtigen Notizen.

# Ein Zimmer für die Rasselbande

Es kann ganz schön stressig werden jeden Raum im Haus kätzchensicher auszustatten. Vor allem, wenn man die Rasselbande mal unbeaufsichtigt zurücklassen muss, ist es beruhigend, sie gut und sicher aufgehoben zu wissen. Ein eigenes Spielzimmer für die Kätzchen hilft bei der Erziehung zur Sauberkeit, beugt schlechten Angewohnheiten vor und ermöglicht gefahrloses Spielen, zumindest bis die Kleinen das Wichtigste gelernt haben. In einem Mehrkatzenhaushalt verschafft es zudem der Mutter Rückzugsmöglichkeit und vermittelt ihr mehr Geborgenheit. Und man kann hier problemloser das nötige Zusatzfutter reichen, ohne dass alle übrigen Vierbeiner angelaufen kommen und mitfressen.

Ich selbst habe mir nach meinen Wünschen eine Zwischentür anfertigen lassen, deren untere Hälfte aus Plexiglas und die obere Hälfte aus Stahlnetz besteht. Zum vorübergehenden Unterbringen des Nachwuchses genügt aber auch ein handelsübliches Türschutzgitter für Kleinkinder zum Einspannen in den Türrahmen. Damit kein Kätzchen durch die Gitterstäbe schlüpfen kann, verkleidet man das Gitter mit einer durchsichtigen Plexiglasscheibe, denn ein Netz würden die Kleinen zerbeißen oder daran hochklettern. So bleibt der Nachwuchs in Sichtkontakt mit dem Geschehen draußen und wächst nicht so isoliert auf, wie hinter einer geschlossenen Zimmertür.

Bei der Einrichtung beachten Sie bitte die Hinweise auf Seite 34. Falls das Fenster zum Lüften gekippt wird, muss man die Öffnung mit einem Kippfensterschutz versehen. Soll im Sommer ein Fenster komplett geöffnet bleiben, sichert man dies am besten mit einem Drahtnetz aus V2A Stahl, Maschengröße

20 x 40 mm, Fadenstärke 0,7 mm. Denn Katzennetze aus Kunststoff werden vor allem von jungen Katzen gerne durchgebissen. Weiterhin gehören ins Kätzchenspielzimmer 2 Wassernäpfe aus Steingut, in denen das Wasser frisch und kühl bleibt. Zum Füttern des Nachwuchses und der Katzenmutter benötigen Sie 3 große, flache Schüsseln (→ Seite 40), die weit genug von den Toiletten entfernt aufgestellt werden. Denn die reinlichen geruchssensiblen Katzen schätzen es nicht, neben dem Klo zu speisen. Wir Menschen essen auch nicht auf der Toilette.

Bei ihren ersten Putzversuchen verloren die Kätzchen gelegentlich noch das Gleichgewicht und fielen dabei um. Nun, mit 5 Wochen, beherrscht Katerchen Silvester das Ritual und wie Mama leckt er seine Vorderpfote, um sich damit das Gesicht zu waschen.

Für die Katzenmutter stellen Sie ihre gewohnte Toilette in einer ruhigen Zimmerecke auf. Empfehlenswert sind offene Kunststoffschalen oder, wie in meinem Haushalt üblich, eine Toilette mit Haube, die verhindert, dass die Streu herausgescharrt wird.

## Sauber werden leicht gemacht

Wie schon im ersten Kapitel beschrieben, beginnt man mit der Erziehung zur Sauberkeit bei Katzenkindern bereits im Alter von 3 bis 4 Wochen. Der Fachhandel bietet hierfür eine spezielle Kunststoffschale mit einer Grundfläche von etwa 25 x 35 cm an, die vorne einen tiefen Randausschnitt und innen eine gerippte Einstiegshilfe besitzt. Dies ermöglicht auch den ganz Kleinen, problemlos hineinzuklettern. Auch wenn die Katzenmutter ihre Jungen noch einige Zeit weiter sauber putzt, hört sie zumeist damit auf, sobald die Kleinen feste Nahrung zu sich nehmen, also im Alter von 4 bis 6 Wochen. Da der Aktionsradius der Katzenkinder anfangs noch nicht sehr groß ist, wird

Vergnügt „spricht" das 6 Wochen alte Katerchen Felix zu seiner menschlichen Freundin, wobei er mit den Pfoten in der Luft tretet und das Kraulen sichtlich zu genießen scheint. Dabei so entspannt im Arm zu liegen und den Bauch zu zeigen bedeutet einen großen Vertrauensbeweis.

das Kätzchenklo in der Nähe des Wurflagers aufgestellt. Meist lernen die Jungen ganz spielerisch schon aus Neugier dort hineinzugehen und sie kapieren schnell, dass die Streu nicht zum Fressen da ist, sondern als Toilette dient. Mehrmals tägliches Säubern der Toilette ist jetzt ein Muss, denn sonst sucht sich das Kätzchen eine saubere Alternative an einem versteckten Örtchen irgendwo im Zimmer.

Sollte dies Missgeschick anfangs trotzdem einmal passieren, reinigen Sie die Stelle umgehend gründlich mit einem Handwaschmittel und einem Zusatz aus Orangenöl. Verwenden Sie keine ammoniakhaltigen Reinigungsmittel, da diese wegen der Geruchsähnlichkeit mit Harnzersetzungsprodukten Ihr Kätzchen noch mehr animieren würden, dorthin zu urinieren. Und verlieren Sie nicht die Nerven, wenn mal ein Malheur passiert. Ihre Kätzchen sind ja noch Babys. Wer schreit, das Kätzchen mit der Nase in sein „Geschäft" stupst oder es unsanft zurück in die Toilettenschale setzt, erreicht höchstens, dass das Katzenkind Angst bekommt und nun erst recht ein heimliches Örtchen aufsucht.

Erfolgreiches Erziehen geht immer mit Lob und Belohnung einher. Wenn das Kätzchen erfolgreich sein „Geschäft" in der Toilette erledigt hat, streicheln Sie es kurz und sprechen mit freundlichen Worten: „Fein hast du das gemacht." Sicherlich versteht das Tier nicht wörtlich, was Sie zu ihm sagen. Aber es empfindet Ihr Wohlwollen und wird die Toilette mit positiven Gefühlen verbinden.

## An Mamas Milchbar

Wenn Katzenmütter, wie meine, reichlich hochwertige Nahrung erhalten, säugen sie ihre Jungen bis zu 3 Monaten. Und manch fauler Racker lässt sich Zeit, bis er bereit ist, andere Kost auch nur zu probieren. Da muss selbst eine geduldige Katzenmutter schon mal energisch nachhelfen und deutlich machen, dass die Zapfstelle von nun an geschlossen ist. Doch noch ist es nicht so weit. Mehrmals am Tag rufen Isabella und Serafina ihre Jungen gurrend herbei und legen sich zum Säugen auf die Seite. Die Kleinen hängen

## Flori

### PRUST MAHLZEIT!

Isabella säugt ihre Jungen immer noch unermüdlich. Aber mit 5 Wochen und bei so viel Herumtoben ist der Energieverbrauch der Kleinen groß und Zusatzfütterung angesagt. Doch leichter gesagt, als geschlabbert. Denn bisher wurde Muttermilch aus der Zitze gesaugt. Wie aber bitte saugt man Katzen- oder Aufzuchtmilch aus einer Schüssel? Flori hat schon gelernt Joghurt vom Finger zu schlecken. Doch „Prust Mahlzeit", als er die ganze Schnauze in den Brei taucht und die Nasenlöcher verstopft sind. Nicht so stürmisch, kleiner Flori. Setz die Zunge einfach wie einen Suppenlöffel ein, dann klappt's besser.

schmatzend an den Zitzen und bearbeiten zugleich mit den Vorderpfoten den Bauch der Mutter mit rhythmischen Tritten, damit das Milchdrüsengewebe stimuliert und der Milchfluss angeregt wird. Dieser so genannte Milchtritt ist allen Kätzchen angeboren und wird auch später beibehalten. Wenn eine erwachsene Katze zum Beispiel beim Streicheln auf Ihrem Schoß „tretelt", dann scheint sie sich an ihre Kindheit zu erinnern. Jedenfalls ist das Treteln immer ein Ausdruck des Wohlbefindens.

### Von Muttermilch zu anderen Schleckereien

Eine frei lebende Bauernhofkatze bringt ihrem Nachwuchs schon mit etwa 4 Wochen getötete Beutetiere, an denen die Kleinen dann herumkauen dürfen. Einige Wochen später erfolgt dann der Anschauungsunterricht mit lebender Beute.

Auch wenn die Milch Ihrer Katzenmutter noch reichlich fließt, bieten Sie dem Nachwuchs ab der 4. bis 5. Woche Zusatznahrung an. Meist kommt der Appetit dann von allein und Kätzchen lernt schon aus Neugier mitzufressen, wenn Mama vorfrisst. Zum Üben serviert man dem Katzenkind etwas Joghurt oder Sahne auf dem Finger, damit es lernt zu schlecken statt zu saugen. 3 Keramikschüsseln, mit 3 cm Rand und 19 cm Durchmesser sind empfehlenswert, da sie ein gemeinsames Fressen ermöglichen und nicht so leicht umgekippt werden können.

Menüangebot: 3- bis 4-mal täglich abwechselnd Sahnequark – mit rohem Eigelb und warmem Wasser verquirlt –, Hüttenkäse, milder Joghurt. Später dazu Dosennahrung für Katzenkinder, klein geschnittenes gekochtes Hühnerfleisch oder gekochtes Fischfilet. Genauere Mengenangaben lassen sich an dieser Stelle nicht machen. Bieten Sie so viel an, wie innerhalb von 20 Minuten gefressen wird.

Hmm, leckerer Sahnequark mit verquirltem Eigelb, das schmeckt. Flori leckt sich zwischendurch das Mäulchen, während seine beiden 5 ½ Wochen alten Wurfgeschwister noch mit Appetit weiterfressen.

Danach Schüsseln unter heißem Wasser gut ausbürsten, kein Futter stehen lassen oder nochmals anbieten. Alles muss frisch gereicht werden, aber bitte nie direkt aus dem Kühlschrank. Dies kann Magen-Darm-Probleme verursachen.

## Die Sozialisierungsphase

Man nennt diesen Entwicklungsabschnitt auch die „sensible Phase". Sie beginnt bei Katzenkindern im Alter von 2 Wochen und ist mit etwa 12 Wochen

Ist der Hut für den Kopf zu groß, kann Kätzchen sich darunter verstecken, auch wenn das Hinterteil nicht reinzupassen scheint. „Komm, spiel mit mir", fordert La Bomba auf, wenn sie sich auf den Rücken dreht und dann noch vergnügt mit den Vorderpfoten in die Luft tretelt. Unter dem Hut verstecken und herauspfoteln, das ist typisch Katze. Man weiß ja nie, ob nicht doch noch ein Mäuschen vorbeikommt.

abgeschlossen. In der Zeit entscheidet sich, ob Kätzchen zu einer schmusigen, anhänglichen Familienkatze heranwächst oder uns als Wesen betrachtet, dem man besser aus dem Weg geht. Katzenkinder, die in dieser wichtigen Sozialisierungsphase ohne liebevollen Menschenkontakt aufgewachsen sind, werden sich auch später als erwachsene Katzen uns gegenüber stets scheu und misstrauisch verhalten. Ihr Vertrauen zu gewinnen, erfordert dann unendlich viel Geduld und Einfühlungsvermögen. Und wer später eine mit Artgenossen verträgliche Katze haben möchte, sollte ebenfalls darauf achten, dass diese in einer Gruppe von sozialen Mitkatzen aufgewachsen ist.

Beide Sozialisierungsphasen laufen übrigens getrennt voneinander ab. Deshalb ist es verkehrt zu glauben, ein junges Kätzchen wird nur dann besonders anhänglich, wenn man es möglichst früh von

Mutter und Geschwistern trennt und zu sich nimmt. Das ideale Abgabealter für ein Katzenkind liegt zwischen der 12. und 14. Lebenswoche, wobei der komplette Wurf bereits entwurmt und geimpft sein sollte.

## Du verstehst mich nicht

Heute kommt meine Freundin Brigitte mit ihrer Tochter Susi zu Besuch, um die kleinen süßen Kätzchen anzusehen. Die Begeisterung ist groß. Doch kaum schauen wir Erwachsenen mal nicht hin, schleppt Susi die Kätzchen herum, drückt sie fest an sich, stopft sie in den Puppenwagen und sie müssen im Bett „Heia machen". Schließlich sind die Kleinen alle unter die Kommoden verschwunden. „Tante Monika, die wollen nicht mehr mit mir spielen!" Stimmt! Ein Wunder, dass keine Katze gekratzt hat.

*Tipp*

Wohnungskätzchen werden mit 6 Wochen das erste Mal, mit 10 Wochen das zweite Mal entwurmt. Katzen mit Freigang benötigen eine umfangreichere Entwurmung. Besprechen Sie das Thema Entwurmen mit dem Tierarzt.

Ich schlage nun ein Rollenspiel vor, das begeistert von Susi aufgenommen wird. Susi darf Kätzchen spielen, auf allen vieren herumkrabbeln, miauen, Pfote lecken, sich einrollen und schlafen. Ich selbst schlüpfe in die Rolle des Kindes: Ich renne mit viel Geschrei durch alle Zimmer, dem „Kätzchen" Susi immer hinterher. Schleppe Susi herum, lasse nicht los, außer ich will es. Kitzle und streichle sie überall. Und schließlich wird Susi gegen ihren Willen ins Bett gestopft. Irgendwann findet Susi das Spiel nicht mehr lustig: „Bäh, das ist ein doofes Spiel!" Stimmt! Aber es hat gewirkt.

Und nun kann ich der aufmerksam lauschenden Susi erklären, was Katzen so lieben und was sie überhaupt nicht mögen. Am Ende des Tages liegt Susi friedlich auf dem Boden und alle Kätzchen spielen ohne Scheu um sie herum.

## Gestatten, ich heiße …

Wenn ich meine Kätzchen mit lockender Stimme herbeirufe: „Katzenbabys, Fressen", kommen sie alle mit freudig erhobenen Schwänzchen herbeigelaufen. Der

Noch schaut die 5 Wochen alte Sirena mit den typisch blauen Babyaugen aus ihrer Spieldecke. In den nächsten Wochen werden ihre Augen pigmentierter, um schließlich die Bernsteinfarbe der Augen ihrer Mama Isabella anzunehmen.

Ton macht eben die Musik. Trotzdem sollte jedes Katzenkind einen eigenen Namen erhalten, mit dem es dann später auch an seine neue Familie übergeben wird. Manchmal passiert diese Namensfindung ganz spontan. Bei anderen Tieren sucht man länger, fragt Freunde und Bekannte oder schlägt in einem entsprechenden Namensratgeber nach.

Ich musste insgesamt 11 Katzenkinder benennen, darunter 5 Superstars. So heißen Isabellas Kinder: Kater Flori, Felix und Pipo, die Mädchen: Sirena, La Bomba und Paulinchen. Bei Sirenas Wurf: Kater Silvester, Amadeus, Frederik, Pascha und das Mädchen: Bonita. Wie La Bomba zu ihrem Namen kam, erzählt die Geschichte auf Seite 45. Sirena wurde spontan nach ihrer Stimme benannt , weil sie anfangs wie eine Heulsirene nach Mama rief (→ Seite 19). Später sprach sie mit zauberhaftem Stimmchen zu uns, was aber auch passte. Denn wie die Sirenen, die versuchten Odysseus zu verführen, setzte sie ihrerseits allen Charme als süße Katzenprinzessin ein.

Kater Flori nannte ich nach dem Sohn eines Freundes. Und wie er, wurde Flori zu einem ruhigen Genießer aller Leckereien mit dem Ergebnis, dass ich ihn nun im Alter von 7 Monaten auf FdH setzen musste. Der Charmeur Silvester, unsere Titelkatze, verbreitet so gute Laune wie ein Glas Champagner zu Silvester. Kater Frederik erhielt seinen Namen nach einer gleichnamigen Maus, Titelheld in einem bekannten Kinderbuch. Wen wundert's dann, dass er auch später kein großer Mäuseräuber wurde. Felix, der Glückliche, wurde nicht als Superstar ausgewählt. Doch er beschenkte seine spätere Menschenfamilie mit so viel Glück, dass er seinem Namen mehr als gerecht wurde.

## La Bomba

### DER KLEINE STAR

„Oh, wie süß", rufen alle Menschen, wenn ihnen das wuschelige Kätzchen entgegen läuft. Und die Kleine begrüßt jeden Besucher mit der gleichen vorbehaltlosen Freude. „Bombastico" töne ich, wenn sie vor der Kamera agiert. „Oh la, la", wenn sie uns alle mal wieder mit einer ihrer spontanen Aktionen überrascht. Vielleicht liegt es daran, dass ich in diesem Sommer zu viel bei meinem Italiener sitze; jedenfalls bekommt dies Katzenkind den Namen: „La Bomba." Dabei kommt ihre Katzenmama Isabella keinesfalls aus Italien, sondern ist eine reinrassige Britin. Und zwar eine so genannte British Shorthair, Farbe: blue-silver-tabby. Vielleicht kennen Sie diese Katzenrasse aus dem Fernsehen, wo sie für ein allseits bekanntes Katzenfutter wirbt. La Bombas Papa namens Dolittle ist ein Mix aus Perser und nordamerikanischer Maine Coon. Nun, bei so viel Multi-Kulti musste La Bomba ja wie ein Bömbchen einschlagen und zum allseits geliebten Star werden.

# Fit for fun

Noch spielerisch, aber mit großem Eifer und immer mehr Geschicklichkeit und Raffinesse üben die Katzenkinder im Alter von **7 bis 9 Lebenswochen** ihren späteren Auftritt als Jäger, Raubtier und Kämpfer. Zwischendurch aber putzen sich die kleinen Krieger genauso liebevoll gegenseitig das Fell und schlafen eng aneinander gekuschelt ein.

# kleine Jäger...

**ETWA UM DIE 7. LEBENSWOCHE** üben die Katzenkinder intensiv ihren späteren Auftritt als Jäger. Leider oder für mich eher Gott sei Dank, huschen in meinem Haus keinerlei Mäuschen herum oder flattern Vögel durch die Luft. Nur manchmal, wenn es im Winter besonders kalt ist, verirrt sich ein verfrorener halb verhungerter Nager oben auf meinen Dachboden, der an die ehemalige Scheune des Bauern grenzt. Und dann wird uns Menschen vorgeführt, dass auch in unseren relaxten schmusigen Sofatigern noch immer der wilde Jäger schlummert. Auch, wenn sich im Sommer allerlei Insekten wie Fliegen, Schnaken oder Falter durch die geöffneten Fenster ins Haus verirren, werden sie allesamt ohne Ausnahme gejagt und aufgefressen. Und was meinen Katzenkindern noch an Erfahrung fehlt, wird durch doppelten Jagdeifer und körperlichen Einsatz wettgemacht. Die Kleinen er-weisen sich dann als richtige Luftakrobaten nach dem Motto: „Fliegt die Beute, fliege ich hinterher."

## Kätzchens Lieblingsspiele

Auch sonst scheinen der Fantasie keinerlei Grenzen gesetzt, und die Meute macht zur Beute, was ihr so unterkommt, wobei jedes Katzenkind ganz individuelle Vorlieben zeigt.

So apportiert La Bomba am liebsten Murmeln, die sie in die Badewanne schleppt. Dort liegt sie dann auf dem Wannenboden und kickt mit ihren Pfoten, manchmal scheint sie mehr als vier zu haben, die

7.-9. Woche

Murmel in wildem Tempo den Wannenrand hinauf und hinunter. Je mehr es dabei scheppert, desto besser. Der Krach erinnert mich an Handwerker in meinem Haus.

Flori stahl gestern kleine weiche Teilchen, die als Verpackungsmaterial dienten, aus einem Karton und spielte ausgiebig im Wohnzimmer damit. Das Material bestand glücklicherweise aus Biomasse. Styropor oder Schaumstoff hätte ich ihm abnehmen müssen, denn durch Verschlucken kann es zu schweren Magen-Darm-Problemen kommen.

Sirena spielt am liebsten mit einer Maus, die einen eingebauten Mikrochip hat. Beim Hochwerfen oder Anstoßen quiekt sie wie eine lebendige Maus. Das findet Sirena toll. Silvester und Frederik erweisen sich als Luftakrobaten, wenn ich ihnen Tischtennisbälle so werfe, dass sie an der Wand abprallen oder vom Parkettboden hochspringen. Dann hechten sie zu zweit nach dem Ball und versuchen ihn noch in der Luft mit den Pfoten herunterzuschlagen.

Allen macht die „Katzenangel" Spaß, an deren Ende ein Federteil an einer Gummischnur hängt. Wenn ich sie abends vor dem Füttern heraushole und vor den Katzen hin- und herwedle, haben sie den Eindruck, das ein Vogel an ihnen vorbei fliegt. Und wer „den Vogel" schließlich erbeutet, läuft samt Gummischnur und Angel damit weg. Meistens verschwindet Kätzchen samt Beute unter einem Schrank. Von hier aus wird die Beute knurrend gegen Rivalen verteidigt. Es ist wichtig, dass die Katze zwischendurch auch diesen Jagderfolg ausleben darf, sonst verliert sie verständlicher Weise die Lust daran. Nach einer gewissen Zeit kann man den kleinen Räuber kurz ablenken und

Mit 8 Wochen hat Kater Flori gelernt auf Kommando von einem Stuhl zum anderen zu springen. Dabei stößt er sich mit seinen kräftigen Hinterbeinen ab, den Körper lang vorgestreckt und die Vorderpfoten eingezogen. Um den Aufprall zu puffern und sicher zu landen, setzt er zuerst seine nun weit vorgestreckten Vorderbeine und dann erst die an den Körper gezogenen Hinterbeine ein. Katzen haben einen hervorragenden Gleichgewichtssinn und einen Schwanz, der als Steuer fungiert.

den Vogel erneut fliegen lassen. Bitte die „Beute" nie gewaltsam entreißen. Das Kätzchen könnte sich sonst im Maul verletzen oder sich eine Kralle ausreißen.

Vor allem Wohnungstiger, die keinen Freilauf haben, brauchen ausreichend Spiel- und Beschäftigungsmöglichkeiten. Und kleine Lernaufgaben, die Halter und Tier gemeinsam Spaß bereiten, fördern nicht nur die Sinne und Fähigkeiten des Kätzchens, sondern auch die Bindung zu seinem Menschen.

### Komm und spring zu mir!

Hier erfahren Sie, wie ich meine Fotomodelle lehre auf Kommando zu springen. Mit etwa 8 Wochen besitzt das Katzenkind die körperliche Gewandtheit nachfolgende Übung zu bewältigen. Voraussetzung hierfür ist, dass das Kätzchen gelernt hat, auf Zuruf zu Ihnen zu kommen.

Sie brauchen 2 stabile Hocker mit rutschfester Sitzauflage aus Weidengeflecht oder Stoff. Nichts darf wackeln, umkippen oder zu glatt sein, sonst wird das Katzenkind verunsichert. Stellen Sie die Hocker zunächst in einem Abstand von etwa 50 cm auf. Diese kurze Sprungstrecke kann das Kätzchen leicht bewältigen. Trainieren Sie stets nur mit einer Katze, damit sie nicht abgelenkt wird. Wählen Sie einen Leckerbissen, den das Kätzchen am liebsten mag. Dies kann ein Katzengutti, etwas Vitaminpaste oder ein Stückchen gekochter Putenschinken sein. Nun hocken Sie sich hinter einen Hocker und locken das Kätzchen mit dem Kommando: „Hhm, Leckerli, Hopp!" auf den Hocker. Springt es hinauf, wird das Tier gestreichelt, gelobt und erhält eine Belohnung. Diese Übung so lange wiederholen, bis die Katze kapiert, um was es geht. Es versteht sich von selbst, dass diese Übung

## Tipp

Ab etwa 8 Wochen kann man durch kleine Sprungübungen die körperlichen Fähigkeiten des Kätzchens fördern. Die Motivation erfolgt dabei stets über Spaß und Belohnung (→ Seite 50).

stets vor dem Essen und nicht mit vollem Magen trainiert werden sollte, denn satte Sofatiger relaxen lieber. Wenn die Katze oben sitzt, hocken Sie sich hinter den gegenüberstehenden Hocker und locken Sie mit liebevollem Tonfall. Versuchen Sie, etwas Spannung in die Stimme zu legen. Sie können aber auch mit der beliebten Katzenangel wedeln (→ Seite 49).

## Sirena

### MISSGLÜCKTER UNTERRICHT

Laut maunzend ruft Isabella die Jungen herbei. Doch die toben oben auf dem Dachboden herum und hören nichts, nur Sirena kommt herbeigeeilt. Was hat Mama denn da im Maul? Oh, eine Maus! Isabella lässt die Beute fallen und stupst sie mit der Pfote an. Sirena riecht daran, schaut und wundert sich. Nun, Isabella ist ihrem angeborenen Instinkt gefolgt und wollte dem Nachwuchs Anschauungsunterricht erteilen. Doch Klein-Sirena findet die Spielmaus im Moment langweilig und rennt stattdessen flugs die Treppe hoch zu ihren Geschwistern. Vielleicht hat sich dort oben ein echtes Mäuschen versteckt, wer weiß?

Die Sprungstrecke wird immer erst dann leicht erweitert, wenn das Kätzchen die Übung erfolgreich absolviert hat. Schlaue und faule Kätzchen versuchen oft, statt direkt von Hocker zu Hocker zu springen, erst einmal auf dem Boden zwischenzulanden. Lassen Sie dann ein strenges „Nein" ertönen und natürlich gibt es auch keine Belohnung.

Trainieren Sie mit dem Tier keinesfall länger als etwa 10 Minuten an einem Stück, und steigern Sie den Schwierigkeitsgrad nicht zu schnell. Alle Übungen sollen Spaß bereiten und spielerisch erfolgen. Wenn das Kätzchen keine Lust mehr hat und wegläuft, akzeptieren Sie dies. Katzen können mit Leidenschaft bei der Sache sein, aber wenn sie etwas langweilt, dann gehen sie. Bei meinen Aufnahmen oder wenn ich Katzen für einen Film trainiere, läuft das auch nicht anders. Katzen sind keine Hunde, die Übungen Frauchen zuliebe unermüdlich wiederholen.

## Wer ist hier der Boss?

Die Rangeleien zwischen den Geschwistern werden nun immer wilder und manches Mal verwischt sich die Grenze zwischen Spiel und Ernst. So schleicht sich ein Kätzchen an das andere heran, den Körper auf den Boden geduckt. Die Schwanzspitze zuckt dabei vor Erregung hin und her. Dann erfolgt, am liebsten aus der Deckung heraus, der Angriffssprung auf den Artgenossen, wobei das Kätzchen auf dem Rücken des Gegners „landet". Der rollt sich jetzt zumeist blitzschnell selbst auf den Rücken, um so den Angreifer mit heftigen Tritten der Hinterpfoten abzuwehren. Beide Kämpfer rangeln nun miteinander und beißen einander in die Ohren, oder sonst wohin. Böse Blicke, Gefauche und angelegte Ohren sind dann Zeichen dafür, dass einer der beiden das Spiel nicht mehr so

Müde vom wilden Herumtollen sind Kater Flori und Felix, eng aneinander geschmiegt, eingeschlafen. Und während sie zart am Bauch gekrault wurden, haben sie wohlig alle viere von sich gestreckt und schnurren nun im Duett träumend vor sich hin.

lustig findet. Flüchtet er, kann dies eine wilde Verfolgungsjagd durch alle Zimmer auslösen, der sich spontan andere Kätzchen anschließen.

Manchmal ist gar nicht mehr auszumachen, wer eigentlich mit wem kämpft oder wer wen verfolgt, weil das Spiel blitzschnell wechseln kann. Zu ernsthaften Verletzungen kommt es bei diesen Rangeleien jedoch nicht. Und wer genug hat, zieht sich einen Moment auf einen erhöhten Aussichtsplatz zurück. Von hier aus schaut er dem Spiel der anderen zu, bis er sich mit einem erneuten Überraschungsangriff zurück ins

# Was Kätzchen alles können

**1 STUBENREINHEIT:** Alle Katzenkinder sind zuverlässig sauber. Zwischen 4. und 5. Woche haben sie im Kätzchenzimmer gelernt ihre flachen Baby-Klos zu benutzen. Nun scharren sie mit den Großen zusammen eifrig in den hohen, geräumigen Erwachsenen-Toiletten, die im ganzen Haus verteilt stehen (→ Seite 88).

**2 KLETTERN:** Täglich konnten die Kätzchen an niedrigen Kratz- und Kletterbäumen ihre Geschicklichkeit trainieren. Nun haben sie gelernt, dass man einen Baum nicht mit dem Kopf, sondern mit den Hinterbeinen voran, herabklettert. Nur so bieten ihnen die nach innen gebogenen Krallen Halt und verhindern einen Absturz.

**3 SELBSTSTÄNDIG FRESSEN:** Auch wenn die Kleinen noch bei der Mutter saugen dürfen, sind sie nicht mehr von der Muttermilch abhängig. Sie könnten nun auch problemlos mit dem 3- bis 4-mal täglich gereichten Futter groß werden (→ Seite 40).

**4 DER STELL- ODER DREHREFLEX:** Stürzt eine Katze irgendwo hinunter, auch wenn dies anfangs in Rückenlage passiert, landet sie trotzdem auf allen vier Pfoten. Die erstaunliche Fähigkeit sich im freien Fall in die richtige Landeposition zu drehen, ist etwa ab der 6. Lebenswoche vollständig ausgebildet.

**5 JAGDFÄHIGKEITEN:** Alles, was sich bewegen und irgendwie fangen lässt, wird zur Beute. Spielerisches Heranpirschen, Anspringen, Zubeißen, Herumwerfen und „Mäuschen"-Wegtragen gehört nun zu den Jagdfertigkeiten. An Schnüren befestigtes Spielzeug wird zum Vogel, der in der Luft angesprungen und gefangen wird.

**6 SPIEL ODER ERNST:** Immer raffinierter werden die Fang- und Angriffsspiele, Verfolgungen und Rangeleien zwischen den Geschwistern. Spielerisch und manchmal auch ernsthafter wird nun das gesamte Verhaltensrepertoire dargeboten wie Imponieren, Drohen, Sich-Unterwerfen und Angreifen.

Kampfgetümmel stürzt. Immer wieder versucht ein Katzenkind beim Gegenüber gewaltig Eindruck zu schinden. Es stellt sich dazu steifbeinig auf die Zehenspitzen, macht einen riesigen Buckel und sträubt die Haare an Rücken und Schwanz so, dass es wie eine Flaschenbürste aussieht.

Dann wird in diesem Imponiergehabe seitwärts am Gegner vorbeigetänzelt wie ein Pferdchen. Ein erneuter Angriff erfolgt, beide Kämpfer stoßen aufeinander und purzeln wild im Zimmer herum. Nur wenn die Krieger müde sind, ziehen sie sich auf ein ruhiges Plätzchen zurück. Manche alleine für sich, andere dicht an dicht aneinander gekuschelt. Und bei allen kehrt dann wieder Friede ein, denn noch ist alles Spiel für die kleinen Raubtiere.

## Die ersten Schutzimpfungen

Die Mütter meiner Katzenbabys sind selbstverständlich geimpft und so haben auch die Kleinen bei ihrer Geburt bereits Antikörper im Blut, die vor lebensbedrohlichen Krankheiten schützen. Die Antikörper werden schon im Mutterleib durch das Blut der Kätzin auf die Babys übertragen und danach auch durch ihre so genannte Kolostralmilch (→ Seite 17) beim Säugen an die Jungen weitergegeben. Mit 8 Wochen etwa lässt dieser Schutz nach und deshalb kommt heute mein Tierarzt ins Haus, um alle 11 Kätzchen gegen die gefährlichsten Infektionskrankheiten zu impfen. Kein leichtes Unterfangen bei diesen Wirbelwinden, die wie ein Sack Flöhe umherspringen.

Damit es besser und schneller klappt, kraule ich den kleinen Patienten, lenke das Kätzchen ab, indem es an der heiß begehrten Vitaminpaste schlecken darf. Zweimal pieks – und schon ist alles passiert. Der Tierarzt spritzt einen Kombi-Impfstoff gegen Katzenseuche (Panleukopenie) und Katzenschnupfen (Rhinotrachetis), mit der zweiten Spritze erfolgt die Impfung gegen Katzenleukose (Feline Leukämie).

La Bomba beherrscht nun die Katzenwäsche ebenso perfekt wie die Großen. Und weil sie vorher an der Sahne geschleckt hat, wird das Fell diesmal ganz besonders sorgfältig geputzt.

Je nach Temperament, Schmerzempfindlichkeit und auch abhängig von der jeweiligen Tagesform, scheinen einige der Kleinen gar nichts zu merken, andere quieken kräftig. So zum Beispiel unser charmanter Macho Silvester und Prinzesschen Sirena, während der gutmütige Flori alles gelassen nimmt, ganz seinem Temperament entsprechend.

Ähnlich verhält es sich mit den Impfreaktionen. Innerhalb der nächsten 24 Stunden sind die meisten Kätzchen ruhebedürftiger und manche fressen auch kurzfristig mit weniger Appetit. Das ist normal und

vergeht wieder. Nach 3 bis 4 Wochen werden die Kleinen zum zweiten Mal geimpft. Katzenkinder, die später Freilauf erhalten, müssen zusätzlich gegen Tollwut geimpft werden. Alle Schutzimpfungen werden dann einmal jährlich wiederholt.

## Den richtigen Tierarzt finden

Ich bin sehr froh, dass meine Katzenfamilie von einem erfahrenen und mir auch menschlich sympathischen Tierarzt betreut wird, der selbst Katzen hält. Dass sich seine Praxis in meiner Nähe befindet, er auf

Einen Baumstamm hinauf- und hinunterklettern – für den 8 ½ Wochen alten Silvester kein Problem. Seine Krallen kann Kätzchen am Holz auch herrlich wetzen und zusätzlich dadurch seinen Kletterbaum markieren.

Wunsch Hausbesuche ausführt und auch noch einen Notdienst anbietet, sind weitere Pluspunkte.

Hier einige Empfehlungen, wie Sie einen guten Tierarzt finden, woran Sie ihn erkennen und wie Sie ein gegenseitiges Vertrauensverhältnis aufbauen können. Schließlich geht es um Ihre geliebte Katze, die einen Anspruch auf gute medizinische Betreuung hat.

> Wie finden? Erkundigen Sie sich bei anderen Katzenhaltern nach ihren Erfahrungen und fragen Sie in Fachgeschäften für Katzenzubehör nach, ob man Ihnen einen Tierarzt empfehlen kann.

> Praxis in erreichbarer Nähe: Es ist wichtig, dass man seinen Tierarzt schnell erreichen kann. Im Notfall kann es entscheidend sein, ob seine Praxis 15 Minuten oder 50 Minuten weit entfernt ist.

> Terminabsprache: Ich persönlich schätze es nicht, wenn ich mich telefonisch mit meiner Katze zu einem festgesetzten Termin angemeldet habe, pünktlich erscheine und dann eine Stunde oder länger mit meinem kranken Tier in der Praxis warten muss. Dies sollte nur dann der Fall sein, wenn ein unvorhergesehener Notfall, der natürlich Vorrang hat, den Zeitplan mal durcheinander bringt.

> Service: Wenn Sie selbst einmal nicht in die Praxis kommen können, das Tier zu krank ist und durch Transport und Fahrt extrem gestresst wird oder Sie mehrere Katzen halten, wird ein Hausbesuch nötig. Ist der Tierarzt dazu bereit? Auch ein Notfalldienst des Tierarztes zum Beispiel am Wochenende oder an Feiertagen ist ein Plus. Vielleicht kann Ihnen so die Fahrt in eine Tierklinik erspart bleiben, wo niemand die medizinische Vorgeschichte Ihrer Katze kennt und Sie erst umfangreiche Erklärungen abgeben müssen.

## Frederik

### ERFOLGREICHE JAGD

Ganz entspannt kuscheln mein Freund und ich auf dem Sofa, genießen ein Gläschen Rotwein nach Feierabend und schauen den Kätzchen beim Spielen zu. Plötzlich ist die Hölle los. Alle Katzen springen wild über Möbel und die Wände hoch, schnattern aufgeregt. Ehe wir überhaupt begreifen, was passiert ist, hechtet ein wildgewordenes Raubtier an die Wohnzimmerlampe, die Rotweingläser fallen um. Doch schon geht's weiter, eine der Katzen voran, die gesamte Meute hinterher, die Treppe hoch. Als wir nachschauen, finden wir alle oben im Flur versammelt. Sie hocken lauernd im Halbkreis um die Kommode herum, unter der Furcht erregende Geräusche ertönen. Ich lege mich flach auf den Bauch und schaue darunter. Da hockt Frederik, einen Nachtfalter im Maul, knurrt, die Krallen ausgefahren und bereit, niemandem seine Beute zu überlassen. Ja, Frederik, nun bist du ein richtiger Jäger geworden. Ich hoffe nur, der Falter hat dir geschmeckt.

Wer sagt, dass ich immer nur der gemütliche Flori bin? Mit meinen 9 Wochen kann ich auch Beute fangen und bin zu jedem wilden Spiel bereit.
So entstanden diese Aufnahmen: Flori versteckt sich als Jäger hinter dem Tischchen. Hier bewegt meine Assistentin unter der Tischdecke am Rand entlang ein Stöckchen mit Federbusch hin und her, so wie Mäuschen im dichten Laub laufen. Ein Tatzenhieb mit scharf ausgefahrenen Krallen, die Schnurrhaare nach vorne gestellt, kurz über die Kante geschaut: „Hab sie, die Maus!" Floris Blick ist wild und sein Biss in die Beute lässt keinen Zweifel darüber, dass es nun kein Entkommen mehr für das „Mäuschen" gibt.

*Katzen wollen respektiert und verstanden werden. Sie reagieren auf Zwänge jeglicher Art mit Protest.*

> Anwendungen zeigen lassen: Jeder Katzenhalter beginnt einmal als Anfänger und manches weiß und kann man nicht auf Anhieb. Haben Sie keine Scheu, sich wichtige Handgriffe wie Fiebermessen und Medikamente eingeben von Ihrem Tierarzt in der Praxis genau erklären und zeigen zu lassen.

> Fragen Sie nach. Tierärzte sind keine „Götter in Weiß", sondern im Idealfall helfende Partner für Sie und Ihr Tier. Lassen Sie sich über die Anwendungen, Behandlungsdauer und -kosten, so weit dies möglich ist, aufklären. Dadurch wachsen Verständnis und Vertrauen und späterer Frust kommt erst gar nicht auf.

> Unterstützung: Der Tierarzt kann Ihrem Tier umso besser helfen, je mehr Sie ihn in seiner Arbeit unterstützen. Schreiben Sie deshalb im Krankheitsfall auf: Erste Auffälligkeiten wie Fressunlust, Apathie, Verdauungsprobleme etc. begannen wann und wie? Was hat sich im Verhalten Ihrer Katze verändert? Vergessen Sie weiterhin nicht den Impfausweis mitzubringen. Transportieren Sie Ihre Katze stets in einer sicheren, geschützten Box.

> Zum zwischenmenschlichen Umgang: Ein Tierarzt sollte sich stets um einen freundlichen Ton und Umgang bemühen. Weiterhin muss er in der Lage sein, mit Stress umzugehen. Denn, wenn das Tier krank, verletzt und sich in Panik befindet, reagieren viele Tierhalter in Sorge um ihren kleinen Liebling genauso. Doch vergessen Sie nicht, im Gegenzug nach erfolgreicher und liebevoller Behandlung Ihren Tierarzt auch einmal zu loben und ihm für seine Arbeit herzlich zu danken.

## Wichtige Umgangsregeln

Katzen sind anmutige, würdevolle und sensible Geschöpfe. Viele Menschen faszinieren diese rätselhaften Wesen, andere lehnen Katzen ab, weil sie angeblich falsch und untreu sind. Menschen, die keine Katzen mögen, haben vielleicht ein Problem damit, dass sich Katzen immer ein Stück Unabhängigkeit bewahren, auch wenn sie Nahrung und Zuwendung von uns Menschen annehmen. Sie sind eben keine folgsamen Hunde, die als Rudeltiere stets bemüht sind, alles ihrem Rudelführer – Herrchen oder Frauchen – recht zu machen. Katzen reagieren auf Zwänge jeglicher Art mit Protest. Das traurige Ende vom Lied sind dann die so genannten „Verhaltensstörungen", wobei die eigentliche Störung meist in unserem menschlichen Unverständnis und unserem daraus resultierenden Fehlverhalten liegt.

### Bitte nicht stören!

Üben Sie sich in Gelassenheit und Toleranz. Dies soll aber nicht heißen, dass Sie Ihre Katze nicht auch sanft lenkend erziehen dürfen, zum Beispiel durch ein konsequentes „Nein!" bei unerwünschtem Verhalten. Gemeint ist damit mehr eine Art des achtsamen Hinschauens und des Spürens in Bezug auf das Wesen und die Bedürfnisse einer Katze. So mag beispielsweise keine Katze gegen ihren Willen mit Streicheleinheiten überschüttet oder mit Zwang festgehalten und herumgetragen werden. Auch wenn sie gerade frisst, ihren Mittagsschlummer hält oder sich intensiv der eigenen Körperpflege widmet, will sie dabei nicht gestört werden. Das sollten Sie grundsätzlich lernen zu akzeptieren.

### Lernen Sie zu warten!

Eine Katze kommt zu ihrem Menschen, wenn ihr danach ist und nicht immer dann, wenn wir es gerne hätten. Ich gebe zu, dies zu akzeptieren ist nicht immer einfach. Vor allem in solchen Momenten nicht, wenn man sich dies herrlich kuschelige, schnurrende Geschöpf so sehnlichst auf den Schoß wünscht und es

streicheln möchte. Aber eine Lernaufgabe ist es allemal, die uns auch dafür sensibilisiert, dass wir unsere Mitmenschen in ihrem Anderssein mehr respektieren und tolerieren.

Ich selbst habe in den letzten 20 Jahren sogar die Erfahrung gemacht, dass Männer, die liebevoll mit Katzen umgehen können, auch verständnisvoller gegenüber Frauen sind. Was natürlich nicht heißt, dass männliche Katzenliebhaber deshalb Frauen besser verstehen, sie sind eben nur toleranter. Wissenschaftlich bewiesen ist diese These natürlich nicht, wäre aber, meiner Meinung nach, durchaus einmal eine genauere Untersuchung wert.

### Bloß keine Hektik!

Nur keinen Stress, heißt die Lebensdevise aller Samtpfoten. Hektisches Treiben in ihrer Nähe, Schreien, vor allem in hohen Tönen, sowie laute Musik, Streitereien und unangenehme Geräusche wie etwa Türenknallen sind ihnen zuwider. Katzen lieben eine ruhige, aber anregende Umgebung.

### Veränderung? Nein danke!

Katzen sind Gewohnheitstiere. Sie lieben regelmäßige und pünktliche Fütterungs-, Spiel- und Schmusezeiten. Wer ständig in der Wohnung Möbel oder Katzeneinrichtungen umstellt, erfreut damit kein Katzenherz. Auch ein Umzug bedeutet erst einmal Stress für Ihren Liebling. Fremde sollten der Katze gegenüber immer höflich bleiben und sich ihr erst einmal vorstellen. Am besten geht man dazu in die Hocke, um in etwa auf Sichthöhe mit der Katze zu sein, lässt sie am leicht vorgestreckten Handrücken riechen und spricht das Tier mit ruhiger freundlicher Stimme an. Warten Sie dann, bis die Katze von selbst näher zu Ihnen herankommt.

---

## Flori

### WEHE, WENN REINGELASSEN …

Am Backtag bleibt die Tür zur Küche stets geschlossen, denn zu viel „Kätzchengewirr" zwischen den Beinen kann ich dabei nicht gebrauchen. Mitten unterm Teigkneten piepst mein Handy auf der Kommode im Flur. Das fehlte gerade noch. Und als ich zu meinem Handy gehe, die Hände vorher noch schnell an der Schürze abwische, ist keiner mehr dran. Na so was! Ohh, die Küchentür ist auf. Mir schwant Schlimmes. Die Milchtüte auf dem Tisch ist umgekippt, ein weißes Rinnsal tropft auf den Boden. Dort hockt ein unschuldiger Flori und schleckt, was ihm ins Maul tropft.

## Hochnehmen und Tragen, aber bitte richtig!

Will man eine Katze hochnehmen, dann bitte langsam und vorsichtig. Ergreifen Sie das Tier niemals unvorbereitet von hinten und reißen Sie es auch nicht aus dem Schlaf. Beim Hochheben fassen Sie eine Katze am besten mit der einen Hand unter der Brust, wobei Mittel- und Zeigefinger zwischen die Vorderbeine greifen. Die andere Hand unterstützt gleichzeitig das Hinterteil. In dieser Position fühlt sich eine Katze auf Ihrem Arm wohl und sicher aufgehoben. So kann sie auch getragen werden.

Flori und Felix spielen „Play'n'Scratch", das besonders für Katzenkinder unterhaltsam ist und das Sie im Fachhandel kaufen können. Ziel bei diesem Spiel ist, die im Ring kreisende Kugel zu fangen oder sich gegenseitig zuzuspielen. Oben auf dem Kratz-Pad können zudem die Krallen gewetzt oder das federnde Büschel erbeutet werden.

# Hier herrsche ich

Groß sind sie geworden, die Katzenkinder und immer selbstständiger. Richtige kleine Persönlichkeiten, die nun zwischen der **10. und 12. Lebenswoche** weitere wichtige Benimmregeln von Katze zu Katze lernen. Ein Abenteuer-Spielplatz in einem gesicherten Garten verschafft den Kleinen Zugang zu aufregend neuen Natureindrücken.

# selbstständig...

**OBWOHL DIE KATZENKINDER** mehrmals täglich mit großem Appetit fressen, umschmeicheln sie noch immer ihre Mütter, um zwischendurch doch noch ein wenig an den Zitzen nuckeln zu dürfen. Und wenn sich Serafina und Isabella haben breitschlagen lassen, genießen die Kleinen sichtlich die körperliche Nähe zu ihrer Mutter, ihr liebevolles Putzen und das vertraute Saugen. Dass die Milch nicht mehr so reichlich fließt, scheint für die Jungen dabei nur noch eine untergeordnete Rolle zu spielen.

## Kätzische Erziehung

Serafina und Isabella schleppen immer häufiger Futterbröckchen aus dem Napf in den Flur, wo sie dann unter lautem Gemaunze ihre Kinder herbeirufen. Ganz nach dem Motto: „Hier ist euer Futter. Fresst, denn die Milchbar ist demnächst geschlossen." Allzu aufdringliche und uneinsichtige Kinder, die sie trotzdem wiederholt anzapfen wollen, weisen die Katzenmütter auch schon mal fauchend und mit Pfotenhieb energisch zurück.

Fast tun mir die so Zurechtgewiesenen ein bisschen leid, wenn sie scheinbar verstört und verwirrt davonschleichen, so, als würden sie noch nicht ganz begreifen, dass ihre Kindheit nun langsam zu Ende geht. Aber die Katzenmütter wissen genau, was sie tun und unterstützen dadurch den wichtigen Abnabelungsprozess und fördern das Selbstständigwerden ihrer Jungen.

Mit 12 Wochen ist Flori schon ein Teenager, die 5-jährige Jana dagegen ist noch immer ein kleines Mädchen.

### Wenn Papa und Onkel mit erziehen

Auch durch die Erziehungsmaßnahmen meiner beiden kastrierten Kater Dolittle und Lionel haben die unbändigen „Teenies" zum Beispiel gelernt, dass man erwachsene Artgenossen nicht ungestraft einfach anspringt und überfällt. Nun tritt jedes Kätzchen respektvoll an sie heran und darf sich, wenn der Kater dies wünscht, an ihn kuscheln und wird von ihm fürsorglich geleckt. Vor allem Dolittle liebt seine Kinder, speziell seine beiden Töchter La Bomba und Sirena. Sie liegen häufig mit Papa „Arm in Arm" oben auf dem Kratzbaum in der Schlafmulde und halten gemeinsam Mittagsschläfchen. Und wenn einen der beiden Kater die eigene Lust am Spielen packt, toben und balgen sie mit den Jungen im Haus herum.

Die älteren Kater zeigen dabei schon jetzt vorsorglich den späteren männlichen Rivalen, wer hier im Haus und Revier das Sagen hat. So lernen die Katzenkinder weitere wichtige Verhaltensweisen im Umgang mit Artgenossen und wachsen zu sozialen Mitkatzen heran. Dies hilft ihnen später, sich leichter in eine eventuell schon vorhandene Katzengesellschaft einzufügen. Wer ein junges Kätzchen zu sich holt und bereits eine Katze hat, ist gut beraten darauf zu achten, dass die Neue in ihrem ursprünglichen Zuhause alle wichtigen Benimmregeln bereits gelernt hat.

## Gefahren grenzenloser Freiheit

Vor unserem Haus befindet sich eine verkehrsreiche Straße. Aus diesem Grund lebt meine Katzenfamilie zu ihrem eigenen Schutz fast ausschließlich in der Wohnung. Es wird viel darüber diskutiert, ob dies ein

In meinem kleinen gesicherten Garten haben wir für unsere Wohnungskätzchen einen Natur-Abenteuerspielplatz eingerichtet. Hier dürfen La Bomba, Flori und Sirena unbeschwert die vielen neuen Sinneseindrücke entdecken: Gras statt Teppich, duftende, aber pieksige Ähren und die Luft voller fremder Gerüche und Geräusche. So ein Naturausflug sollte jedoch nur unter Aufsicht stattfinden.

katzengerechtes Leben oder eine Art Gefängnishaltung ist. Ich selbst habe sowohl auf dem Land als auch in der Stadt so viele umherstreunende Katzen gesehen, die die Freiheit über kurz oder lang mit dem Leben bezahlt haben, dass ich, wenn überhaupt, nur einen gesicherten Auslauf unter Obhut empfehle.

Katzen drohen draußen vielfältige Gefahren: Über eine halbe Million Katzen werden jährlich in Deutschland, Österreich und der Schweiz angefahren, erschossen oder vergiftet. Dazu kommen unzählige Freiläufer, die entweder von dubiosen Tierfängern gestohlen oder einfach von Menschen „mitgenommen" werden, weil sie so hübsch und zutraulich sind. Viele kommen um, weil sie unbemerkt in Schuppen oder Keller kriechen und dort versehentlich eingeschlossen werden. Dazu kann es Ärger mit den lieben Nachbarn geben, die nicht alle Verständnis und Tole-

ranz für eine fremde Katze in ihrem Garten aufbringen. Der eine Tierfreund sorgt sich um seine Singvögel, der andere ärgert sich darüber, dass die Katze sein gepflegtes Blumenbeet als Toilette benutzt.

Viele Freiläufer raufen erbittert mit Revierrivalen und kommen täglich mit Bisswunden übersät nach Hause zurück. Andere Samtpfoten lieben es, durch geöffnete Fenster in Nachbars Zimmer zu springen, um ihm einen kleinen Besuch abzustatten. Ist dieser Mensch ein Katzenfreund, haben Sie Glück gehabt. Ansonsten wird er nicht begeistert reagieren, wenn Mieze ihr Schläfchen in seinem Bett hält oder gar ein Gastgeschenk in Form eines Mäuschens mitbringt.

Unsere moderne Zivilisation ist nun mal kein Katzenparadies mehr. Dies allerdings können Sie als Halter Ihren Lieblingen zu Hause einrichten. Wie ein spannendes, abwechslungsreiches Katzenrevier in den

## Tipp

Zur Gesundheitsvorsorge werden die Katzenkinder mit 10 Wochen das zweite Mal entwurmt, mit 11 Wochen wird die Schutzimpfung wiederholt (→ Seite 55). Erst danach sollten sie in ein neues Zuhause umziehen.

# Wie die Katze zu uns spricht

**1** **FREUNDLICHE BEGRÜSSUNG:** Die Katze kommt mit steil aufgerichtetem Schwanz zu Ihnen gelaufen, reibt sich dann an Ihren Beinen oder gibt Köpfchen, wenn Sie sie streicheln. Dabei markiert die Katze mit Hilfe von Duftstoffen ihren Menschen ganz nach dem Motto: „Du gehörst zu mir."

**2** **WOHLFÜHLEN:** Die Katze schnurrt und tretelt auf Ihrem Schoß. Ihre gesamte Körperhaltung ist dabei entspannt, und manche Katzen schließen während des rhythmischen Tretelns sogar vor lauter Wohlgenuss ihre Augen.

**3** **BAUCH ZEIGEN:** Jede Katze versucht instinktiv, ihre empfindliche Unterseite vor Verletzungen z. B. im Kampf mit Artgenossen zu schützen. Wendet Sie Ihnen jedoch den Bauch offen zu, ist dies immer ein großer Vertrauensbeweis Ihnen gegenüber. Es kann eine Aufforderung zum Spielen oder zum Kraulen bedeuten.

**4** **ABWEHR:** Während des Streichelns zuckt die Katze mit dem Schwanz. Vielleicht haben Sie das Tier an einer sensiblen Zone berührt. Achtung! Sofort Stopp! Missachten Sie das Signal, kann dies sehr schmerzhafte Folgen haben: Wegtreten der Hand mit den Hinterpfoten, ein Tatzenhieb oder Biss.

**5** **LECKEN:** Wenn Sie Ihre Katze streicheln, gibt sie manchmal diesen Zuneigungsbeweis an Sie zurück. Dann leckt Sie Ihre Hand oder Ihr Gesicht, was so viel bedeutet wie: „Ich mag dich und deshalb streichle ich dich auch."

**6** **UNSICHERHEIT:** Das Tier vermeidet den Blickkontakt mit Ihnen, weicht zurück, wenn Sie sich ihm nähern und wirkt insgesamt bedrückt. Dieses Verhalten wird häufig als Beleidigtsein fehlinterpretiert. Überlegen Sie, welche Ihrer Handlungen die Katze so verunsichert haben könnten.

vier Wänden auszusehen hat, habe ich schon zum Teil beschrieben. Mehr darüber erfahren Sie im nachfolgenden Kapitel, wenn die Katzenkinder in ihr neues Zuhause umziehen werden.

Jetzt geht es erst einmal raus an die frische Luft. Und ich beschreibe Ihnen, wie man im Garten einen sicheren und vergnüglichen Spielplatz einrichtet.

## Abenteuer-Spielplatz Garten

Bevor man mit seinen Kätzchen rausgeht, sollten sie die notwendigen Schutzimpfungen erhalten haben. Die Kleinen kennen und vertrauen ihrer Bezugsperson und haben gelernt auf Zuruf zu kommen. Trainieren Sie dies mit dem Kommando „Komm!" und dem Namen der Katze. Immer wenn das Kätzchen hungrig ist, locken Sie es so herbei und belohnen das Tier mit etwas, das es besonders gerne mag. Ich verwende neben Vitaminpaste und Putenschinken gerne die kleine Blechdose mit den Leckerli darin. Meine Katzen kennen das Geräusch genauso wie das Öffnen der Futterdose. Klappere ich damit und rufe sie, kommen alle sofort herbeigeeilt. Na ja, meistens, nicht immer. Katze bleibt halt Katze und hat manchmal eben Wichtigeres zu tun.

Schon zuvor habe ich begründet, warum ich einen Freigang ohne Kontrolle und Obhut gegenüber der Katze für verantwortungslos und zu gefährlich halte. Doch vielleicht besitzen Sie einen Garten oder, wie ich, ein kleines Freizeitgrundstück mit Gartenhäuschen, welches Sie entsprechend sichern und interessant gestalten können.

Die Größe des Gartens ist dabei nicht so wichtig wie Lage und Beschaffenheit. Ideal ist ein ruhiges grünes Plätzchen mit vielen Angeboten zum Entdecken.
> Kurz geschorene leere Grasflächen langweilen Katzen. Lassen Sie in einem Teil des Gartens eine Blumenwiese hoch wachsen. Hier können die kleinen Räuber wie in einem Urwald herumschleichen und

La Bomba ist das geborene Fotomodell. Wie ein Profi klettert sie das Weidenspalier hoch und schaut genau im richtigen Augenblick frech und witzig durch das kleine Fenster in die Kamera.

ausgelassen nach Schmetterlingen und anderen Insekten springen oder Verstecken spielen.

> Zum Klettern eignen sich am besten nicht allzu hohe Laubbäume mit dicken, seitlich herausragenden Ästen. Nadelbäume sind zu pieksig und verkleben schnell das Fell mit Harz. Auch Büsche (ohne Dornen!) bieten Versteckmöglichkeiten.

# silvester

## ÜBERMUT TUT SELTEN GUT

Heute ist die Bande mal wieder besonders wild und tobt im ganzen Haus herum. Liegt eine andere Katze zufällig im Weg, wird sie einfach über den Haufen gerannt. Silvester wagt sogar einen Angriffssprung auf meinen 10 Jahre alten imposanten Maine-Coon-Kater Lionel, der gerade seinen wohlverdienten Mittagsschlaf hält. Blitzschnell dreht sich dieser um, faucht gewaltig und es setzt eine wohlverdiente Ohrfeige mit der Tatze. Recht so! Wer keinen Respekt vor dem Alter zeigt, muss erzogen werden. Bei aller Gutmütigkeit, es gibt auch Grenzen. Silvester jedenfalls hat seine Lektion ganz schnell gelernt.

> Plätscherndes und fließendes Wasser zieht alle Katzen magisch an. Dies kann ein Springbrunnen sein, ein flacher Teich ohne Fische oder eine Wasserlandschaft mit kleinem Bachlauf und glatten Steinen. Gartencenter bieten heute dazu montagefertige Gestaltungselemente an.

> In einem Laub- oder Reisighaufen werden größere Kanalrohre verlegt, die zum Durchkriechen verlocken. Katzen lieben jegliche Art von Höhlen und Unterschlüpfen.

> Auch Stubentiger klettern gerne und bevorzugen erhöhte Aussichtsplätze. Ein fest verankerter Baumstamm, oben mit Liegebrett, ist ideal. Achten Sie darauf, dass das Brett zumindest an einer Seite keinen Überhang hat, damit die Katze die Liegefläche besser erklettern kann.

> Horizontale erhöhte Holzbalken und Baumstämme laden zum Balancieren ein.

> Vergessen Sie nicht, Katzenminze und Baldrian anzupflanzen, die manche Mieze in einen tranceähnlichen Glückszustand versetzen.

> Die Terrassentür bleibt in der Anfangszeit als sichere Zufluchtmöglichkeit stets offen. Später kann die Katze lernen, eine Katzenklappe zu benutzen.

> Warnhinweis: Im Katzengarten dürfen keine giftige Pflanzen wachsen, da Katzen gerne Grünzeug anknabbern. Auch auf den Einsatz von chemischen Giften muss verzichtet werden!

## Wissenswertes über Schutzzäune

Die beste Möglichkeit seinen Garten oder einen Teil davon zu sichern geschieht mit Hilfe eines so genannten Elektroschutzzauns für Kleintiere. Er besteht aus dunkelgrünem Nylongeflecht mit dünnen Metallfäden, über die der Strom läuft. Das Impulsgerät ist der Stromgeber und wird an die Steckdose angeschlossen,

Dank ihrer nun voll entwickelten körperlichen Geschicklichkeit und eines hervorragenden Gleichgewichtssinns, können La Bomba und Sirena sicher über den Balken balancieren. Sogar das Wendemanöver gelingt, ohne hinunterzufallen.

oder an eine 6-Volt-Blockbatterie. Es muss kein geschlossener Stromkreis sein. Um Ihnen gleich die Angst zu nehmen: diese speziellen Kleintier-Schutzzäune aus dem Fachhandel (→ Seite 118) sind absolut harmlos und nicht vergleichbar mit den üblichen Weidezäunen für Großvieh, die 10-mal so stark sind. Unbedingt darauf achten, dass der Zaun vor dem ersten Auslauf fertig installiert ist .

Und so funktioniert es: Versucht das Kätzchen durch das Maschengeflecht (Maschenweite etwa 7 cm) zu schlüpfen, erhält es einen kurzzeitig unangenehmen,

Fotos von links nach rechts:

Mit aufgestelltem Begrüßungsschwanz trabt Felix zu seinem Menschen.

Nun aber Tempo im Katzengalopp!

Ein fremder Hund in meinem Revier? Flori versucht es mit Imponieren. Doch sein eingeklemmter Schwanz verrät, dass er Angst hat.

Felix hat sich auch aufgeplustert. Er stößt dabei deutliche Drohlaute aus und fixiert sein Gegenüber. Der andere sollte sich hüten, ihm zu nahe zu kommen.

aber völlig ungefährlichen Stromklaps. Der Effekt ist jedes Mal verblüffend, denn die Katzenkinder lernen schnell diese Barriere zu respektieren. Ich selbst und unzählige meiner Katzenfreunde verwenden diesen Schutzzaun seit Jahren mit großem Erfolg und ohne Negativerfahrungen, sofern er von Anfang an und fachgerecht installiert wurde. Ein weiterer Vorteil ist, dass auch Eindringlinge wie Fremdkatzen und Marder ferngehalten werden.

### Cindy kommt zu Besuch

Meine Freundin hat eine liebe kleine Kromfohrländerhündin, die von klein auf an Katzen gewöhnt und ganz verrückt nach ihnen ist. Deshalb darf Cindy heute ihr Frauchen zum Grillen in meinen Freizeitgarten begleiten. Ich will dort Verhaltensweisen fotografieren und den Katzenkindern einmal einen Hund vorstel-

len. Cindy hat gelernt, dass man Katzen nicht jagen darf und vorher schauen muss, wer zu einem Spielchen mit ihr aufgelegt ist.

Erst lassen wir den Hund in den gesicherten Garten, damit er den fremden Katzengeruch kennen lernen kann. La Bomba, Felix und Flori bleiben derweil im Gartenhäuschen. Dann werden die Schauplätze gewechselt, so dass Hund und Katzen, beides Tiere mit feinem Geruchsempfinden, ausreichend Zeit und Gelegenheit erhalten, die geruchliche Visitenkarte des anderen vorab zu inspizieren. Danach geht meine Freundin mit Cindy erst noch einmal ausgiebig Gassi, damit die Hundedame sich so richtig austoben kann. Das ist wichtig, denn Cindy ist wohl lieb und gut erzogen, aber auch sehr lebhaft. Und für die erste Begegnung ist es von Vorteil, wenn Cindy ruhig und gelassen bleibt. Und das bleibt sie auch und geht ganz

## Tipp

Wer die Katzensprache lernen will, sollte immer auf das Zusammenspiel von Körperhaltung, Schwanz, Stellung der Ohren, Augenausdruck und den geäußerten Tönen achten. „Kätzisch" ist gar nicht so schwer.

behutsam auf die Katzen zu. Dabei wedelt sie freundlich mit dem Schwanz. Diese Körpersprache des Hundes heißt so viel wie: „Hallo, du da. Ich bin dir freundlich gesonnen." Katze jedoch sieht in dem Hund ein Ungeheuer mit hin und her peitschendem Schwanz und versteht auf Kätzisch: „Achtung! Höchste Spannungsstufe." Also versucht Katze erst einmal, sich im Revier zu behaupten und den Helden zu spielen: Buckel machen, Haare aufplustern und den Gegner fixieren. Die Pupillen sind dabei vor Erregung weit geöffnet. Flori zeigt die meiste Angst und klemmt

deutlich sichtbar seinen Schwanz ein. La Bomba spielt steifbeinige Flaschenbürste und Felix heult wie ein Krieger vor der Attacke. Cindy zeigt sich von so viel „Heldenmut" beeindruckt, macht kehrt und legt sich zu unseren Füßen. Nach einer Weile kommen die Katzen nach und nach angeschlichen, denn die Neugier lässt ihnen keine Ruhe und sie prüfen schnüffelnd, was für ein fremdes Wesen da liegt. Und schließlich geht man einander beim Gartenrundgang hinterher. Cindy hinter La Bomba, Felix hinter Cindy. Flori hockt inzwischen oben auf dem Apfelbaum und

Vorsicht, kleine La Bomba! Wenn du die Biene auf der Sonnenblume erwischt hättest, wärst du jetzt um eine schmerzhafte Erfahrung reicher und deine Pfote sicher dick angeschwollen.

schaut sich das Ganze lieber aus sicherer Höhe an. Ob er weiß, dass Hunde nicht klettern können? 

Es dauert nur wenige Stunden, da toben Cindy, Felix und La Bomba schon im Garten rum. Dass dies alles so schnell und locker ablief, haben wir in erster Linie der braven Kromfohrländerhündin zu verdanken, die eben ein erfahrener „Katzenhund" ist. Selbstverständlich erhält Cindy dafür ein Wiener Würstchen und jede der Katzen ein Stück Hühnerbrust. Und zuletzt kommt auch Flori vom Baum herunter und alle fetzen durch die hohe Blumenwiese, die ich in einer Ecke bewusst habe wachsen lassen. Doch irgendwie ist es ein unfaires Spiel, wenn diese Katzen immer wieder auf die Bäume verschwinden und Cindy unten bleiben muss. Das kann auch einen braven Hund ganz schön ärgern und Cindy bellt entsprechend kräftig. Doch ein spannendes Erlebnis war es für uns alle. Und sieht Felix auf dem Foto auf Seite 73 nicht beeindruckend aus?

## Treuer Hund, falsche Katze?

„Hauskatzen sind wie viele Felidenarten, die geborenen Einzelgänger. Im Gegensatz zum Rudeltier Hund, haben sie nie gelernt gesellig im sozialen Verbund mit Artgenossen zusammenzuleben. Sie sind eigenwillige, selbstsüchtige, untreue Geschöpfe, bei denen man nie recht weiß, woran man ist." Ist diese Aussage nur ein Vorurteil, eine Halbwahrheit oder ist tatsächlich etwas Wahres daran?

Es ist richtig, dass die meisten, aber nicht alle, wilden Katzenarten einzelgängerisch leben. Die Wölfe dagegen, wilde Vorfahren und einige Stammväter

### Sirena

### SIRENA SORGT FÜR WELLNESS TOTAL

Wenn alles still geworden ist im Haus, genieße auch ich die Ruhe. Manchmal ziehe ich mich dann in mein Schlafzimmer zurück, meditieren oder lausche – wie heute Abend – mit geschlossenen Augen leiser Meditationsmusik. Mit einem Mal spüre ich, dass etwas Weiches, Warmes mich sanft berührt. Auf leisen Pfoten hat sich Sirena zu mir hereingeschlichen. Nun rollt sie sich friedlich auf meinem Schoß zusammen und beginnt wohlig zu schnurren. Und während von der CD wie von Ferne Meeresrauschen erklingt, schnurrt Sirena wie ein kleiner leiser Motor, dessen sanfte Vibrationen meine Bauchdecke mitschwingen lassen. Wie von selbst entschlüpfen mir Töne im Gleichklang mit Sirenas Schnurren und ich versinke gänzlich in einer wunderbaren Entspannung. Welch ein Geschenk, wenn man eine Katze zur Freundin hat. Sie hilft uns Menschen Stress abzubauen und zu regenerieren. Ein Katze ist das beste „Wellnessprogramm", das ich kenne.

Warum bloß dieses Schirmchen? Soll das vor zu viel Sonne schützen? So heiß ist es doch gar nicht Foto oben: Flori scheint zu grinsen. Ob er etwas zu ahnen beginnt?

Foto Mitte und unten: La Bomba zeigt eine kleine Showeinlage. Hilfe, was ist das? Ein prasselnder Wasserguss von oben? Schnell hinwerfen, Augen zu und Krallen ausfahren. Nass ist La Bomba zwar nicht geworden, aber solche Scherze liebt sie nicht. Na, wehe Fotografin, wenn ich dich erwische! Weißt du denn nicht, dass Katzen Wasser nicht ausstehen können?

*Im Zuge ihrer Persönlichkeitsentwicklung sind unter den Katzenkindern echte Freundschaften entstanden.*

unserer heutigen Hunde, leben und jagen im Rudel. Es ist auch richtig, dass, sofern dieser Vergleich überhaupt fair ist, der Hund in seinem innersten Wesen immer danach streben wird, in seinem Rudel aufgenommen zu werden und darin zu leben. Deshalb ist für ihn ein gesundes Rudelgefüge zu seinem Zweibeiner so immens wichtig.

Die eigenständige Katze besitzt diese Abhängigkeit nicht und geht nur einen freiwilligen Verbund mit ihrem Menschen oder Artgenossen ein, der aber durchaus freundschaftlich sein kann. Die Katzen gelten nur deshalb als eigenwillig, untreu und selbstsüchtig, weil sie sich im Zweifelsfall die Freiheit nehmen, auch wieder zu gehen. Und falls ihnen dies unmöglich ist, reagieren sie mit Verhaltensauffälligkeiten. Bis heute ist es noch nicht gelungen, den Mythos Katze vollständig zu enträtseln. Und dies ist gut so, denn dafür lieben wir sie.

### Katzenfreundschaften und Friedensstifter

In meiner Katzengemeinschaft ist Maine-Coon-Kater Lionel der „peacemaker". So bezeichnet man eine Katze, die in einer Gruppe sozial lebender Artgenossen immer dann eingreift, wenn sich 2 Katzen prügeln oder sich ein Tier gegenüber der Gemeinschaft über die Maßen aggressiv verhält. Manchmal genügt es, wenn sich Lionel im Vorfeld zwischen den Kontrahenten aufbaut und sie nur anschaut. Ein anderes Mal greift er vehement in den Konflikt ein und treibt die Streithähne notfalls mit ein paar Tatzenhieben auseinander. Danach herrscht wieder Frieden.

Querelen kommen auch unter sozialen Wohnungskatzen vor, sind aber im Allgemeinen harmlos. Die meiste Zeit schlafen meine Katzen je nach gegenseitiger Sympathie eng beieinander, putzen sich gegenseitig oder spielen miteinander.

Im Zuge ihrer Persönlichkeitsentwicklung haben sich auch unter den Katzenkindern klar erkennbare Freundschaften gebildet. Und diese werde ich auch bei der baldigen Abgabe nicht zerstören. So mag der feinfühlige Frederik seine hübsche Schwester Bonita besonders gern, der muntere, immer zum Erzählen aufgelegte, Felix das plüschige Paulinchen. Und Papa Dolittle schmust am liebsten mit seinen Töchtern Sirena und La Bomba. Die spritzige La Bomba arbeitet inzwischen für den Film und wird mit Titel- und Nachwuchskater Silvester und Flori bei uns bleiben.

## Was ist ein Traumkätzchen?

Vielleicht kennen Sie das Märchen vom Froschkönig oder dem hässlichen kleinen Entlein. So kenne ich Geschichten von armen, halb verhungerten, struppeligen Kätzchen, die von Menschen aufgenommen wurden und sich schließlich dank liebevoller Pflege zu wunderschönen Traumkatzen entwickelt haben. Manche Menschen finden auch ihren Traumpartner oder Traumjob per Zufall.

Ich liebe solche Märchen und Geschichten, vertraue im wirklichen Leben allerdings mehr auf meine Erfahrung und versuche solche Träume durch gezielte eigene Aktivitäten zu verwirklichen. Und ich habe gelernt und erfahren, dass man sich dadurch viele, wenn auch nicht alle, Enttäuschungen im Vorfeld ersparen kann.

Auf was für Ideen die Menschen bloß immer kommen. Sie höhlen einen Kürbis aus, schnitzen ein gruseliges Gesicht hinein und beleuchten den Kürbis mit einer Kerze, um andere damit zu erschrecken. Halloween nennen sie dieses Fest. Da kann sich der 12 Wochen alte Frederik nur wundern. Ob er das rotglühende Kürbisgesicht als Katzenkopf erkannt hat? Egal, Hauptsache, hinterher gab's leckeren Thunfisch.

Mag sein, dass die Bezeichnung „Traumkätzchen" für jeden Menschen eine andere Bedeutung hat. Durch die jahrzehntelange Erfahrung in der Vermittlung von Katzen haben sich jedoch einige Wünsche herauskristallisiert, die alle meine Interessenten und zukünftigen Halter gleichermaßen geäußert haben:

> Ein Traumkätzchen ist menschenbezogen und schmusig. Es ist gerne mit seiner Familie zusammen und wächst dort zu einem von allen respektierten, geliebten Familienmitglied heran.

> Es besitzt ein stabiles, ausgeglichenes Wesen, ohne traumatische Belastungen aus seiner Kindheit. Dadurch ist das Kätzchen in der Lage mit Selbstvertrauen neuen Situationen offen zu begegnen und weiß sich zu behaupten.

> So ein Katzenkind ist nie langweilig und kein phlegmatischer Sofatiger. Es spielt gerne, ist aufgeweckt und steckt voller Überraschungen. Das Tier fordert Aufmerksamkeit und Beschäftigung, ohne aufdringlich zu sein. Dieses Gleichmaß muss allerdings auch von seinem Menschen zurückgegeben werden.

> Das Traumkätzchen ist gesund und hat keine chronischen Krankheiten und Erbbelastungen. Mit hundertprozentiger Sicherheit kann dies wohl niemand garantieren, jedoch sollte man versuchen, alles dafür Notwendige vorsorglich zu tun. Selbstverständlich ist das Kleine entwurmt, geimpft und stammt aus ebensolch einer Katzenfamilie.

> Das Traumwesen ist wie alle Träume wunderschön und man verliebt sich augenblicklich in das Tier. Dabei spielt es keine Rolle, ob es lang- oder kurzhaarig, von zarter oder eher kräftiger Statur ist. Manche Menschen vergucken sich spontan in Bärchen mit kleiner Stupsnase, andere in elegante Gazellen mit grünen Mandelaugen. Und auch ein unscheinbares graues Mäuschen kann spontan ein Herz gewinnen, sofern es eben dies besondere Etwas besitzt, das wir bei Menschen Charisma nennen. Ist die gegenseitige Liebe einmal da, gilt es vor allem, diese zu erhalten.

# Test:

## Welches Kätzchen passt zu mir?

Ja   Nein

○   ○   1. Sie wollen eine reine Wohnungskatze und die Kleinen, für die Sie sich interessieren, sind auch so aufgewachsen?

○   ○   2. Bei Ihrem Besuch kommen die Kätzchen neugierig zu Ihnen gelaufen und lassen sich streicheln?

○   ○   3. Die Katzenkinder sind komplett entwurmt und geimpft?

○   ○   4. Bei der Abgabe ist das Kätzchen nicht jünger als 12 Wochen?

○   ○   5. Sie werden bei den Haltern/Züchtern ausführlich befragt und gut beraten?

○   ○   6. Die Kätzchen werden von Haltern/Züchtern persönlich in ihr neues Zuhause gebracht?

○   ○   7. Die Haltung macht einen sauberen Eindruck. Sie dürfen alle dort lebenden Katzen anschauen und kennen lernen?

Können Sie alle Fragen mit einem klaren „Ja" beantworten, haben Sie ein oder zwei Traumkätzchen aus einem guten Zuhause gefunden. Wenn nicht, sollten Sie unbedingt weitersuchen.

# Aufbruch in die neue Welt

Die Katzenkinder sprühen vor Lebensfreude und ungebremstem Tatendrang. Sie wollen Neuland erobern. **Ab der 13. Lebenswoche** haben die kleinen Tiger alles Wichtige gelernt. Nun ist es meine Aufgabe, dafür zu sorgen, dass sie zu liebevollen Menschen kommen und sich in ihrem neuen Zuhause rundum katzenwohl fühlen.

CAT

# Neues Zuhause...

**GEHT ES IHNEN AUCH SO?** Manchmal scheint es mir, als schleichen die Minuten und Stunden dahin. Ein anderes Mal verfliegen die Wochen und Monate so schnell wie Sekunden, so dass man sich wünscht, sie anhalten zu können. Ist dies der Fall, dann haben wir meist einen Lebensabschnitt voll Freude, Glück und Lebendigkeit erlebt. So waren die letzten 3 Monate, die wir mit unseren Katzenkindern und den 4 Großen verbracht haben: eine aufregende, intensive Zeit, in der wir immer wieder herzlich über die lustigen Abenteuer der kleinen Racker gelacht haben.

## Zeit, eigene Wege zu gehen

Doch nun spüre ich, dass auch mein 300-qm-Haus mit großem Dachboden zum Spielen und Austoben für 11 Wirbelwinde einfach zu eng wird. Und bei aller Aufmerksamkeit, die wir ihnen geschenkt haben, kann niemand auf Dauer so vielen Katzen gleichermaßen gerecht werden.

Auch Isabella und Serafina, die beide hingebungsvolle Mütter waren, benötigen nun eine längere Verschnaufpause, um wieder Kraft zu schöpfen und sich ausschließlich ihren eigenen Bedürfnissen widmen zu können. Es wird Zeit für uns alle, Abschied zu nehmen und zu akzeptieren, dass es für die Kätzchen das Beste ist, auch wenn es mir diesmal besonders schwer fällt. Die Katzenkinder brauchen nun für ihre weitere Entwicklung eigene Reviere und Menschen, die ihnen Zeit und Zuwendung schenken.

Jana verwendet im Spiel mit Pipo gerne den Federbusch mit Stöckchen, damit der Pfotenhieb die „Beute" trifft und nicht ihre Hand.

Ich mache mir keine Sorgen darüber, dass ich für unsere Traumkätzchen nicht auch passende Traumplätze finde. Doch bevor ich Ihnen von der richtigen Partnerwahl und der Übergabe der Kätzchen erzähle, erhalten Sie vorab all jene Ratschläge und Empfehlungen, die ich auch jedem meiner neuen Katzenhalter mit auf den Weg gebe. Sie basieren, wie auch die anderen Tipps, die Sie schon nachlesen konnten, auf 20 Jahre langer eigener Praxiserfahrung.

Obwohl ich immer guten Willens war, gestehe ich offen ein, dass auch ich anfangs Fehler gemacht habe. Doch Sie können nun von diesen Erfahrungen profitieren und so Ihren Stubentigern von Anfang an ein katzengerechtes Zuhause bieten. Kommt Ihre Liebe zum Tier dazu, verspürt kein Kätzchen mehr den Wunsch, woanders als bei Ihnen leben zu wollen.

## Menschen und ihr Zuhause

Schon mehrmals besuchte ich Paare mit Kindern in ihrer Wohnung, wo ich sogleich das Gefühl hatte, dass hier nur Erwachsene leben. Kaum vorstellbar, dass auf der weißen Couch je ein übermütiges kleines Wesen herumgehüpft ist oder im Wohnzimmer seine Spielsachen verstreut hat. Der beige Teppichboden wirkt so makellos und unberührt, als hätten ihn nur Kinderfüßchen mit stets sauberen Socken betreten. Und auch nirgendwo sonst bemerkt man Spuren eines Kindes. Armes Kind, das gezwungen ist, in solch einer sterilen, kalten Umgebung zu leben. Diese Leute wollen unbedingt ein Kätzchen. Doch weder für die gesunde Entwicklung eines Kindes noch für eine Katze ist dies die richtige Umgebung.

Dann gibt es natürlich auch genau das Gegenteil jener eben beschriebenen Wohnung. Kleinste Räume, die so mit Möbeln und unsinnigem Nippes voll gestopft sind, dass man sich kaum darin umdrehen kann. Bevor ich hier einen Besuch abstatte, halte ich lieber unterwegs an, als dort das Gästeklo zu benutzen, so ungepflegt und schmuddelig ist alles.

Wer je im Tierschutz gearbeitet hat, kennt solche Chaotenwohnungen zu Genüge. Oft genug müssen dort völlig verwahrloste Tiere geborgen werden, die angeblich alle aus übergroßer Tierliebe aufgenommen wurden. 30 und mehr Katzen in einer Zweizimmerwohnung sind da nichts Ungewöhnliches.

## So wollen Katzen leben

Manche Menschen schaffen sich lieber eine Katze als einen Hund an, weil sie Katzen für weniger anspruchsvoll halten. Doch dies ist nur bedingt richtig. Fakt ist, dass man mit Mieze nicht mehrmals täglich Gassi gehen muss. Sie kann besser, aber auch nicht zu viel, alleine bleiben, bellt nicht und ist kleiner als die

Diese Aufnahme war nur möglich, weil der ruhige Kater Flori nicht gleich vom Jagdfieber ergriffen wurde, als die beiden Mäuse ohne Scheu nichtsahnend an seiner Nase vorbeibalancierten.

meisten Hunde. Doch Katzen brauchen unbedingt ausreichend Platz im Wohnungsrevier, um ihre überschüssigen aufgestauten Energien abbauen zu können. Zudem benötigen sie wechselnde, anregende Spielangebote, ausreichend Zuwendung und eine Wohnungsgestaltung, die ihren Bedürfnissen weitestgehend entgegen kommt.

## Ein Baum zum Klettern und Kratzen

Sollten Sie zu den Hobbybastlern zählen, die eine stabile Kletter- und Kratzlandschaft selbst bauen können, dann werden sich Ihre Katzen freuen. Gehören Sie dagegen wie ich eher zu denen, die weder ein goldenes „Handwerkerhändchen" noch genügend Zeit haben, um selbst zu basteln, dann bleibt Ihnen nichts anderes übrig, als einen Kratz- und Kletterbaum zu kaufen. Dabei ist einiges Wichtige zu beachten:

Wie man der Bezeichnung „Kratz-und Kletterbaum" schon entnehmen kann, sollte er für die Katze zwei Funktionen erfüllen: Einmal muss er dem Wetzen und Schärfen der Krallen dienen, zum anderen sollte sie ihn als Kletter- und Turngerät nutzen können. Erste Grundregel: Der Baum muss stabil sein, darf nicht wackeln oder leicht umkippen. Doch Qualität hat ihren Preis!

Greifen Sie lieber zu den hochwertigen Qualitätsprodukten aus dem Zoofachhandel, als zu völlig ungeeigneten Kletterbäumen, die durch ihren niedrigen Anschaffungspreis vor allem unerfahrene Katzenhalter zum Kauf verlocken. Lassen Sie die Finger von diesen Wegwerfartikeln! Die Katze benutzt sie höchstens einmal und dann nie wieder. Es ist also rausgeschmissenes Geld. Als ich mich vor kurzem bei einem

## Flori

### MÄUSEFERNSEHEN

Von allen Katzenkindern ist Kater Flori der gemütlichste. Er spielt und tobt gerne, aber nie so wild wie die anderen. Am liebsten sitzt er am offenen, vernetzten Fenster und schaut den Vögeln draußen und den vorbeigehenden Menschen zu. Und so komme ich eines Tages auf die Idee, ihm ein bisschen Fernsehen zu gönnen. Da ihn Krimis nicht interessieren, stelle ich ihm dafür den großen Mäusekäfig auf den Boden, dessen Gitterstäbe so eng beieinander stehen, dass kein Katzenpfötchen dort hindurchlangen kann. Flori schaut interessiert, als die frechen Mäuse namens Fleck, Speck und Dreck aus ihren Laubhaufen und Wurzelverstecken heraus zu ihrem Futternapf krabbeln. Ganz eng drückt er sein Näschen ans Gitter. Da kommt Fleck und beißt einfach hinein. Erschreckt und auch verblüfft ruckt Floris Kopf zurück. Ja, auch eine kleine Maus kann ihr Revier verteidigen. Damit hat Flori überhaupt nicht gerechnet.

Genüsslich fressen Isabella und ihr 14 Wochen altes Katerchen Felix das Zypergras. Auch Grashalme und Grün von Zimmerbambus und Getreide kann man seinen Wohnungskatzen anbieten, damit sie die beim Putzen verschluckten Haarballen wieder herauswürgen können. Alle giftigen Pflanzen dagegen gehören nicht in eine Wohnung mit Katzen. Sie müssen gegebenenfalls entfernt werden.

Besuch an das Sitzbrett einer solch billigen Neuerwerbung lehnte, brach das Sitzbrett ab. Andere Bäumchen sind absolut instabil und wackelig. Da bleibt Mieze lieber dabei, den teuren Sessel mit den Krallen zu zerfetzen, was man ja eigentlich verhindern wollte.

Weiterer Unsinn ist eine kastenförmige Höhle im Bodenbereich, mit der diese Kletterbäume angeblich „katzengerecht" gestaltet werden. Wer hat hier die Katzen gefragt? Erstens bevorzugen alle Sofatiger möglichst hohe Liegeplätze mit guter Aussicht. Und zweitens verhindern diese sperrigen Kästen genau dort den Zugang zum Kratzbaum, wo eine Katze am liebsten ihre Krallen wetzt.

Der ideale Kletter- und Kratzbaum sieht so aus:

> Er ist zimmerhoch, so dass er zwischen Boden und Decke fest und sicher installiert werden kann.

> Die ersten 80 cm der mit Sisal umwickelten Säule sind frei zugänglich, damit die Katze sich hier ungehindert hochstrecken und mit Genuss ihre Krallen wetzen kann. Erst danach kommen Höhlen, Sitzbretter oder Schlafmulden.

> Statt Sisalsäulen kann man auch Holzstämme verwenden. Die kleinen Tiger bevorzugen die weichen Hölzer von Pappel, Linde und Fichte.

> Schlafmulden sind mit Plüsch bezogene viereckige Holz- oder Metallrahmen, die fest mit der Sisalsäule verschraubt werden. Katzen lieben diese Schlafmulden, da sich der Stoff dem Körper anpasst. Sie werden schnell merken, dass alle Katzen am liebsten ganz oben liegen und um diesen besten Aussichtsplatz wird dann auch schon mal gestritten.

> Achten Sie darauf, dass Sie über Fachgeschäft abgewetzte Säulen wieder neu mit Sisal beziehen lassen können, ebenso durchgekratzte Plüschbezüge. Denn sonst müssen Sie den gesamten Kratzbaum durch einen neuen ersetzen.

Nun zum richtigen Standort für den Kratzbaum:

> Stellen Sie das Kratzmöbel nicht in irgendeine Ecke, wo es nicht stört oder Sie gerade noch ein Plätzchen

# Test:

## Ist Ihr Zuhause katzengerecht?

Ja   Nein

○   ○   1. Besteht Ihre Wohnung aus mindestens 2 Zimmern, Küche, Bad und die Katze hat freien Zugang zu allen Räumen?

○   ○   2. Sind alle geöffneten Fenster vernetzt und, falls vorhanden, auch der Balkon?

○   ○   3. Gibt es zum Kratzen einen stabilen Kletterbaum und 1 bis 2 Kratzbretter?

○   ○   4. Steht pro Katze stets eine saubere Toilette zur Verfügung?

○   ○   5. Sind Futterschüsseln und 2 separat aufgestellte Wassernäpfe vorhanden? Gibt es vielleicht sogar einen kleinen Zimmerbrunnen mit Zypergras?

○   ○   6. Gibt es gemütliche Sitzplätze auf Schränken, Regalen, Fensterbänken und einem zimmerhohen Kletterbaum?

○   ○   7. Bieten Kartons, Kuschelhöhlen, Körbchen und Nischen vielseitige Versteck- und Ruhemöglichkeiten?

Konnten Sie alle Fragen mit einem „Ja" beantworten? Ein dickes Lob für Sie. Ansonsten empfehle ich, das fehlende Inventar zum Wohl der Tiere zu ergänzen.

*Bewegung und tägliches Spielen machen Spaß und halten kleine und große Tiger fit.*

in der Wohnung frei haben. Dieser wichtige Ausstattungsgegenstand gehört dorthin, wo sich die Menschenfamilie gerne aufhält. Also in Sichtnähe der Sessel, am liebsten mit Blick aus dem Fenster und – ganz ideal – mit Einsichtmöglichkeit der wichtigen Durchgangspassagen. Aus sicherer Höhe beobachten, wer gerade in ihr Revier zu Besuch kommt oder nichts verpassen, wenn mal was Interessantes passiert, das entspricht dem Wesen einer Katze.

## Wo bitte geht's zum Klo?

Ich kenne etliche Wohnungskatzen, die ihren Haltern in die Toilette folgen, weil hier ihr Katzenklo steht, und dann zur selben Zeit wie ihre Menschen ihr Klo benutzen. Andere bevorzugen verschwiegene Plätzchen, ganz für sich alleine. Meine insgesamt 6 großen Katzentoiletten stehen in 2 Stockwerken verteilt. Und wenn Besuch da ist, die Toiletten gerade frisch gemacht sind, spaziert immer einer meiner Tiger umgehend auf das Klo, das sich im Einzugsbereich befindet. Dann wird gewichtig und möglichst laut darin gescharrt, ein duftendes Geschäft erledigt und stolz erhobenen Hauptes davon marschiert. Ob es dem Besuch dann stinkt, ist Katze egal. Zweibeiner soll ruhig riechen, wer hier im Revier zu Hause ist.

> Ob Ihre Katze eine offenes Katzenklo bevorzugt oder eines mit Haube, hängt meist davon ab, was sie von dort gewohnt ist, wo sie ihre ersten Lebensmonate verbracht hat. Ich selbst gebe den Toiletten mit Haube den Vorzug, denn meine Katzen scharren so wild in der Streu herum, dass alles herausfliegen würde. Hauben mit einer Klappe vorne verwende und empfehle ich allerdings nicht, da es hier schnell zum Stau von Ammoniakdampf durch den Urin und die Hitze kommt. Auch Miniklöchen, weil besonders platzsparend, mag Mieze nicht. Lieber geräumig, so, dass man sich auch mal darin drehen kann.
> Pro Katze bitte ein Klo! Bei 2 Katzen also 2 Toiletten und zwar an verschiedenen Standorten, denn manche

Spielstunde ist angesagt. Aufgeregt versucht der 14 Wochen alte Flori den Federbusch mit Glöckchen, der an der Katzenangel hängt, zu erbeuten. Gar nicht so einfach mit seinem Bäuchlein. Die leichtere La Bomba kann da um einiges höher springen.

Bald werden sie sich trennen müssen, denn mit 13 Wochen sind sie alt genug, eigene Wege zu gehen. Doch noch einmal dürfen die Wurfgeschwister gemeinsam einen Abenteuerausflug unternehmen. Und wie man sieht, fühlen sie sich am wohlsten, wenn sie bei ihren Entdeckungen erst einmal dicht beieinander bleiben.

Bild oben: Aufmerksam schauen Sirena, Flori und Pipo. Hat sich dort im Gras etwas bewegt?

Bild Mitte: Sirena und Flori klettern geschickt wie die Großen auf der kleinen Birke herum.

Bild unten: Hoppla, da haben Sirena und Pipo auf dem schmalen Ast die Balance verloren. Doch sie fallen nicht hinunter, sondern hangeln sich geschickt wie Akrobaten gleich wieder hoch.

*Bald werden sich die Katzenkinder trennen müssen, denn mit 13 Wochen sind sie alt genug, eigene Wege zu gehen.*

Mieze ist sehr territorial bezüglich ihrer Toilette. Es kann zu regelrechtem Klomobbing kommen. Oder die eine benutzt das Klo nicht, weil schon die andere drauf war.

> Der richtige Platz ist wichtig: Stellen Sie ein Klo ins Bad, aber bitte nicht in die Nähe der Dusche. Dort könnten ungeliebte Wasserspritzer die Katze erschrecken. Und das andere in einen stillen Winkel in der Wohnung. Toiletten nie neben die Futterschüsseln oder den Kratzbaum stellen! Sie gehen ja auch nicht dort aufs Klo, wo Sie essen oder schlafen.

> Die Streu muss gut saugend sein und sich natürlich anfühlen. Zusätze von Duftstoffen schmeicheln unseren Nasen, Katzen mögen sie häufig nicht. Feines Konzentratstreu aus Betonit ist extrem saugfähig und trotz teurem Kaufpreis auf Dauer günstiger, da sparsamer. Die Einstreu etwa 7 cm hoch ins Klo einfüllen.

> Das Wichtigste ist die Sauberkeit. Alle Katzen sind sehr geruchsempfindlich und viele Probleme mit Unsauberkeit entstehen durch ungepflegte Toiletten. Also lieber einmal zu viel als zu wenig säubern und bei der Komplettreinigung das Klo unter heißem Wasser gut abbürsten und anschließend trocknen.

## Such mich! Wo bin ich?

Eine öde Wohnung ohne Versteckmöglichkeiten ist nicht nur äußerst langweilig, sondern für eine Katze so gemütlich wie für uns ein Café im Parkhaus. Es müssen nicht immer teure Körbchen und Kuschelhöhlen sein, die als Verstecke dienen. Es reichen auch mal feste Kartons, ausgelegt mit Decke oder waschbarem Schaffell. Die „Höhlen" verteilt man am besten in Winkeln oder auf Kommoden und Schränken. Sehr beliebt sind auch herunterhängende Sofabezüge und die Tagesdecke auf dem Bett, unter die man kriechen kann. Aber Vorsicht! Meine Kleinen haben eines Tages ein Versteck zwischen den Sprungfedern eines alten Sessels entdeckt. Setzt sich ein 80 kg schwerer Mensch drauf, kann das heikel werden. Auch jede Art von Kommodenschubladen, offene Schranktüren und Verstecke hinter Sofakissen sind äußerst gefragt, genauso Wäschetrommeln, weil es hier so herrlich nach Mensch duftet. Vor dem Anschalten der Waschmaschine also erst in die Trommel schauen!

## Ein Traumplatz für jede Katze

Wem es am Herzen liegt, dass seine Katzenkinder nur beste Lebensbedingungen haben und zu liebevollen Menschen kommen, sollte Folgendes beachten:

> Sofern Sie noch keine Vorbestellungen aus Ihrem näheren Umfeld haben, geben Sie am besten 2 bis 3 Annoncen gleichzeitig in verschiedenen Zeitungen auf. So ist die Auswahl der Interessenten am größten. Ich formuliere meine Anzeigen stets etwas witzig und beschreibe klar die Vorzüge wie: in Familie aufgewachsen, schmusig, als Wohnungskatze geeignet ...

> Nie die Geduld verlieren, wenn es nicht auf Anhieb klappen sollte. Ich habe schon des Öfteren auch ältere Katzen ohne Probleme an ausgezeichnete Plätze vermittelt. Manchmal muss man warten können, bis die richtigen Menschen kommen.

> Es gibt Zeiten, in denen man auch aus Tierschutzgründen selber keine Katzenkinder abgeben sollte.

Von Mai bis Oktober suchen unzählige Tierheim- und Bauernhofkätzchen einen Platz. Und kein Katzenkind will gleich nach seiner Übergabe wegen des geplanten Urlaubs schon allein gelassen werden.

> Verschenken Sie keine Katzen. Dies lockt vor allem Interessenten an, die dem Tier keinen Wert beimessen und es dann häufig bei erstbester Gelegenheit wieder

## La Bomba

### KOMMT EIN KÄTZCHEN GEFLOGEN …

Blau schillernde Libellen hat La Bomba noch nie gesehen. Mit zuckendem Schwanz liegt sie im Gras auf der Lauer und beobachtet, wie sie an ihr vorbeischwirren. Dann plötzlich ein Sprung, ein Tatzenhieb und platsch ….! La Bomba hat die Libelle erwischt, doch vor Jagdeifer vergessen, dass sich hinter dem Schilfgras der Teich befindet. Halb so schlimm, denn Schwimmen ist für Kätzchen eigentlich kein Problem. Doch als ich die klatschnasse La Bomba mit einem Handtuch trockenrubble, scheint sie das nicht so zum Lachen zu finden wie ich. Ein erfrischendes Bad ist eben doch nicht nach Kätzchens Geschmack.

vor die Tür setzen. Auch wenn Sie selbst ein Katzenkind erwerben wollen, sollten Sie bedenken, dass verschenkte Kätzchen in der Regel bei der Abgabe ungeimpft. Und wer solch ein Tier bei sich aufnimmt, muss damit rechnen, dass seine Katze durch den Stress des Platzwechsels und der damit verbundenen Immunschwäche erkranken kann.

> Tierheime bekommen zumeist eine Spende bei der Abgabe. Rassekatzen mit Papieren werden je nach Marktwert zwischen 400 und 650 Euro angeboten oder auch darüber. Ich selbst verlange für meine Katzenkinder die Erstattung der Impfkosten und einen weiteren kleinen Geldbetrag. Mit diesen Erlösen unterstütze ich die Katzenstation des Franz-von-Assisi-Tierheims vor den Toren Münchens (→ Seite 119). So leiste ich meinen Beitrag für das Wohlergehen der dortigen Katzenwaisen.

> Bevor ich die Interessenten für meine Katzenkinder zu mir einlade, telefoniere ich ausführlich mit ihnen. Meine Erfahrung ist, dass gute Halter „in spe" meine Fragen gerne beantworten. Und sie können mich im Gegenzug natürlich auch befragen. Leuten, die lieber anonym bleiben und ein Kätzchen nur kurz anschauen und gleich mitnehmen wollen, so als würden sie im nächsten Supermarkt ein paar Brötchen kaufen, sage ich schon am Telefon ab.

> Weiterhin muss jeder meiner neuen Halter einen Abgabevertrag unterzeichnen, der auch verschiedene Schutzbestimmungen für das Katzenkind enthält. Solche Verträge machen aber nur Sinn, wenn sie anwaltlich geprüft sind. Nach einer leidvollen Erfahrung vor einigen Jahren habe ich jetzt den strengen Abgabevertrag des Tierheimes übernommen.

> Werden die Katzenkinder persönlich an ihren neuen Platz gebracht, hat dies zwei Vorteile: Man kann nochmals das neue Zuhause in Augenschein nehmen

Faziniert schaut La Bomba auf den kleinen Teich. Doch sie ist ein vorsichtiges Kätzchen, das genau weiß, wann man sich nasse Füße holt. Nur wenn sie das Jagdfieber packt, ist alle Vorsicht vergessen (→ Geschichte, Seite 92).

und die Kätzchen fühlen sich nicht einfach abgeschoben, sondern werden von der vertrauten Bezugsperson in ihr neues Heim eingewiesen. Dies erleichtert ihnen den Start.

## Die Interessenten kommen

Wer von mir eine Katze für seine Familie haben möchte, muss auch mit der gesamten Familie bei mir erscheinen. Denn wenn nur einer in der Lebensgemeinschaft das Tier ablehnt, dann wird die Katze dies

über kurz oder lang zu spüren bekommen. Ich nehme mir für die Interessenten, die ich eingeladen habe, mindestens eine Stunde oder auch länger Zeit. Ich lasse die Kinder mit den Kätzchen spielen, beobachte die Eltern und schaue, wie alle mit den Tieren umgehen.

Es ist für mich immer wieder spannend zu erleben, wer sich da wen aussucht. Manchmal ist es Liebe auf den ersten Blick, ein anderes Mal wird lange hin und her überlegt. Und es kann auch passieren, dass ein Mensch eine bestimmte Katze unbedingt haben möchte, das ausgesuchte Tier aber versucht diesem

Menschen aus dem Weg zu gehen. Obwohl mir an dem Verhalten der Interessenten während des Besuches nichts Negatives auffällt, vertraue und respektiere ich die Entscheidung der Katze.

## Vom Glück zu zweit

Häufig rufen Interessenten an, die verzweifelt ein junges Kätzchen suchen, das sie ihrer einsamen gelangweilten Wohnungskatze dazugesellen wollen. Sofern die Alteingesessene noch spielfreudig und jugendlich

Die spritzige, aufgeweckte La Bomba ist auch während des Ausflugs diejenige, die ihre Nase stets vorne hat. Und sei es auch nur, um ausgiebig am blühenden Heidekraut zu riechen.

ist, kann man diese Entscheidung nur unterstützen. Doch das Glück zu zweit kann manchmal auch zu einem großen Stress für alle dort lebenden Vier- und Zweibeiner werden.

Gesellt man zum Beispiel einer 10 Jahre alten Katze ein 3 Monate altes Jungtier dazu, dann ist dies etwa so, als würden ein 70-Jähriger und ein Schulkind zwangsweise in einer Wohngemeinschaft ihre gesamte Zeit miteinander verbringen müssen. Was glauben Sie, was dann passiert? Die alte Katze, mit ihrem größeren Ruhebedürfnis, wird auf die unzähligen Spielaufforderungen des überschwänglichen Katzenkindes auf Dauer nur genervt reagieren. Und umgekehrt wird das Kätzchen seinen Bedürfnissen nur alleine nachgehen können. In diesem Fall wäre für die alte Katze eine gut sozialisierte Katze in einer ähnlichen Altersgruppe eine bessere Gesellschaft.

Manchmal erweisen sich Katzen aber auch auf Grund ihrer Veranlagung und Entwicklungsgeschichte als ausgesprochene Einzelgänger, die ihr Revier und ihre menschliche Bezugsperson mit keinem Artgenossen teilen wollen.

Wer seine Katzen ausschließlich im Haus oder in der Wohnung halten möchte, sollte sich von Anfang an für zwei Katzen entscheiden. Am besten eignen sich für ein Leben zu zweit Wurfgeschwister oder solche Tiere, die zusammen aufgewachsen sind und schon Freundschaft miteinander geschlossen haben. Und weil meine Traumkätzchen sich die Plätze und ihre Zweibeiner aussuchen durften, konnte ich diesmal alle Katzenkinder zu zweit in ihr neues Zuhause übergeben. Nur La Bomba, Silvester und Flori sind bei uns geblieben.

## silvester

### GEBURTSTAG MIT FEUERWEHR

Auf dem Tisch steht der Geburtstagskuchen, ein Prachtstück mit üppiger Verzierung und 5 Kerzen darauf, die jedes Lebensjahrzehnt symbolisieren sollen. Nach dem Auspusten der Kerzen und dem An-schneiden der Torte, kommt einer meiner Gäste auf die Idee, die Kerzen wieder anzuzünden – weil es doch so schön aussieht. Warum nicht? Die Katzen sind ja draußen im Flur. Doch da lässt einer mal wieder die Tür auf. Flugs ist Silvester da und springt mit einem Satz auf Stuhl und Tisch. Sehr elegant, wie immer. Das muss man ihm lassen. Punktgenaue Landung, ohne etwas umzuwerfen. Doch sein buschiger Schwanz im Gesicht meiner Gäste? Bei aller Katzenfreundschaft, das kann ich nicht dulden, Silvester. Uiii, etwas brennt, stinkt fürchterlich! Doch ehe ich begreife, was überhaupt passiert ist, hat ein Gast geistesgegenwärtig Silvesters Schwanz mit einem großen Glas Bowle gelöscht. Gut, wenn man die Feuerwehr zu Gast hat.

# Neue Freundschaft fürs Leben

Acht Kätzchen sind nun bei mir ausgezogen und haben mit Erfolg ihre neuen Reviere erobert. Und wie es scheint, auch die Herzen ihrer Menschen. Alle sind glücklich über ihren vierbeinigen Familienzuwachs. Was die jungen Katzen nach dem 4. Lebensmonat Aufregendes und Lustiges erleben, erzähle ich in diesem letzten Kapitel.

# Neues Glück...

**FELIX UND PAULINCHEN**, zwei Kinder Isabellas, wurden zwar für dieses Buch nicht als Superstars ausgewählt. Doch das Glück, das sie in ihre Menschenfamilie brachten, ist etwas so Besonderes, dass ich Ihnen davon erzählen möchte.

Als sich Familie D. aus München bei mir vorstellte, war ich anfangs etwas skeptisch. Sie suchten eine Katze für ihren, durch seine Frühgeburt, stark sehbehinderten 2-jährigen Sohn Maximo. Familie D. hatte davon gehört, dass Tiere behinderten Kindern helfen und sie fördern können. Maximo kann auf Grund seiner Sehbehinderung lediglich zwischen Hell und Dunkel unterscheiden und ist dadurch auch in seiner übrigen Entwicklung zurückgeblieben. Doch weil die Eltern mir am Telefon ausgesprochen sympathisch waren, wollte ich den Versuch wagen und lud sie zusammen mit ihrer 14-jährigen Tochter zu mir ein.

Ich werde nie vergessen, wie sie alle zusammen in meiner Wohnküche saßen. Der kleine Maximo hockte auf dem Boden, fuchtelte mit seinem Ärmchen herum und erzählte etwas, was nur seine Mutter verstand. Für mich klangen seine Laute völlig unverständlich. Fast alle großen und kleinen Katzen spielten sogleich mit den Eltern und der älteren Tochter Jessica, mieden dagegen Maximo. Scheinbar waren meinen Katzen Maximos Lautäußerungen und unkontrollierten Bewegungen nicht ganz geheuer. Doch Katerchen Felix ließ sich davon nicht irritieren und kam miauend auf Maximo zu, ebenso seine sonst eher vorsichtige Schwester Paulinchen.

Kater Frederik leckt Alexandra die Nasenspitze. Eine liebevolle Geste, die sagt: „Ich mag dich." Pascha ist inzwischen wohlig entschlummert.

Sie setzten sich beide vor das Kind, obwohl der Junge sie nicht anfassen wollte, und ich bekam das Gefühl, dass die Katzenkinder ihre Entscheidung getroffen hatten. Außerdem überzeugte mich vor allem die Mutter, die ihren Sohn äußerst fürsorglich zu einem liebevollen Umgang mit den Katzenkindern anleitete. Eine Woche später war die Wohnung gemäß meinen Empfehlungen katzengerecht ausgestattet worden, und ich konnte die beiden Wurfgeschwister persönlich übergeben.

## Kater Felix als Kindertherapeut

Dass Delphine und Hunde behinderten Kindern helfen, ist mir bekannt. Doch ausgerechnet die eigenwilligen Katzen? War es ein gutes Omen, dass ich den kleinen Kater Felix (lateinisch = der Glückliche) „getauft" hatte? Natürlich ist Felix wie alle meine Katzenkinder sehr schmusig und ausgesprochen menschenbezogen. Doch von seinem Wesen her würde ich ihn eher als eine Mischung aus ungestümem Rabauken und Quasselstrippe charakterisieren. Er erzählt immer irgendetwas. Eine Eigenschaft, die er von seinem Papa Dolittle geerbt hat, denn seine Britisch-Kurzhaar-Mama Isabella ist eine eher stille Katze, außer wenn sie Babys hat.

Und Felix, der Glückliche, schafft etwas, was niemand von ihm erwartet hat. Wochenlang legt er sich zu dem kleinen Jungen ins Bett, spricht zu ihm und leckt ihm den Bauch. Nach 6 Wochen fasst Maximo den Kater das erste Mal an. Und eines Tages folgt er ihm eigenständig den Flur entlang bis hin zum Wohnzimmer. Dies, so erzählt mir die Mutter, ist ein kleines

Wunder, das selbst der regelmäßig mit dem Kind arbeitenden Krankengymnastin nach einem halben Jahr nicht gelungen ist. Inzwischen kann Maximo sogar unterscheiden, wer von den beiden Katzen auf ihn zukommt, obwohl er sie ja nicht deutlich erkennen kann. Übrigens teilen sich Felix und Paulinchen die „Kinderbetreuung".

Wenn nämlich die Therapeutin ins Haus kommt, die mit Maximo wegen seiner starken Sehbehinderung arbeitet, verabschiedet sich Kater Felix regelmäßig und legt sich in seine Schlafmulde oben auf dem Kratzbaum. Paulinchen dagegen setzt sich dann zu Maximo und seiner Therapeutin und beobachtet interessiert das gemeinsame Trainingsprogramm.

## Dolittle und Sirena

Vater und Tochter zogen zusammen in ein wunderschönes Haus bei München, zu einer nette Familie mit 2 Kindern, 10 und 12 Jahre alt. Schon im Frühling baute Herr E. seine Terrasse in eine Art Freigehege mit Tür zum Garten um. Dort verbringen nicht nur die Katzen gerne ihre „Freizeit". Manchmal geht es auch an der Leine mit Brustgeschirr hinaus in den kleinen Garten, denn dort schmeckt vor allem das Gras besser als das selbst gezogene im Haus.

Dolittle war schon immer ein Kater, der morgens pünktlich sein Frühstück verlangte. Und daran hat sich auch in seiner neuen Familie nichts geändert. Sollten seine Zweibeiner einmal nicht aufstehen wollen, sorgt er dafür, dass sie schnell aus den Federn kommen. Entweder schleckt Dolittle mit seiner rauen Zunge das Gesicht ab oder beißt zärtlich, aber nachdrücklich, in eine unter der Bettdecke herausschauende Zehe. Überhaupt dauerte es nicht lange, bis beide Katzen sich ihre Familie „erzogen" hatten. Hielten sie sich anfangs noch hauptsächlich oben in den Räumen der beiden Kinder auf, beherrschen sie nun beide das ganze Haus. Und wenn abends mit der Katzenangel und den bunten Bändchen dran gespielt wird, kann es schon mal passieren, dass der 6 kg schwere Dolittle im Eifer des Gefechts mit der Beute über den auf dem Sofa ruhenden Familienvater springt.

## Sirena

### FLIEGENDE GLÜHLÄMPCHEN

Es gibt ein Spiel, das meine Katzenkinder besonders lieben: Lichtpunkten nachzujagen, wie zum Beispiel den Sonnenstrahlen, die ich mit Hilfe eines Taschenspiegels einfange und über Boden und Wände huschen lasse. Doch dann begegnet Sirena und Dolittle im Juni in ihrem neuen Heim etwas Einzigartiges: fliegende Lichtpunkte, die durch die geöffnete Terrassentür kommen. Sie zu fangen ist ein grandioser Spaß. Doch irgendwie seltsam, dass das Licht immer dann erlischt, sobald Sirena es mit der Pfote berührt. Arme Glühwürmchen, wie können sie auch ahnen, dass Sirena nur mit ihnen spielen möchte.

Doch in dieser Familie nimmt das niemand krumm. Manchmal kommt aus Nachbars Garten der Hahn mit seiner Hühnerschar zu Besuch.

Und dann wiederholt sich jeden Morgen das gleiche Ritual: Frau E. öffnet das vernetzte Schlafzimmerfenster zum Lüften, beide Katzen springen aufs Fensterbrett und schauen hinaus. Dann marschiert der Hahn unter das Fenster, sieht die beiden Raubtiere oben auf der Fensterbank und stößt einen so lauten markerschütternd Schrei und Kräher aus, dass beide Miezen sofort die Flucht ergreifen.

Der rote Kater Dolittle umarmt seine 7 Monate alte Tochter Sirena, die sich wohlig und zufrieden an ihren Papa schmiegt. Diese Liebe wollte ich nicht auseinander reißen und so zogen beide zusammen in ihr neues Zuhause.

Titelkater Silvester, inzwischen 17 Wochen alt, begegnet meinem Kaninchen Hannibal.

Hannibal legt seine Ohren an und riecht am Kater, der noch ganz gelassen in die Kamera schaut.

„Mal riechen. Wer ist denn das?"

Silvester faucht. „Der soll nicht meinen, dass ich mich vor ihm fürchte." Doch Hannibal putzt sich seelenruhig.

„Alles halb so schlimm." Hannibal drückt sich zum Anschmusen auf den Boden und Silvester putzt das Kaninchen. Eine Freundschaft beginnt.

Doch wehe, wenn Nachbars Katze es wagt, das Revier zu betreten. Dann ist Dolittle am Zuge. Er plustert sich zu doppelter Größe auf, fixiert den Eindringling und faucht so Furcht erregend durch das Terrassengitter, dass dieser sofort „Fersengeld" gibt.

Ansonsten sind alle Zwei- und Vierbeiner sehr glücklich miteinander. Für die Katzen ist vieles beim Alten geblieben. Und Dolittle schnurrt beim Streicheln immer noch so hoch wie ein Vöglein zwitschert oder rührt vor jedem Trinken erst einmal mit der Pfote das Wasser in der Schüssel um. Fressen ist neben Schmusen weiterhin Dolittles Lieblingsbeschäftigung, so dass Familie E. aufpassen muss, dass er nicht auch noch Sirenas Portion verspeist. Sirena ist geblieben, was sie schon als Katzenkind war: eine zauberhafte, zärtliche Prinzessin, die es versteht, alle zu bezirzen, die sie kennen lernen.

## Frederik und Bonita

Frederik und seine Schwester Bonita wohnen bei einem kinderlosen Ehepaar, die beide selbstständig als Physiotherapeuten arbeiten. Da sich ihre Praxis mit im Haus befindet, bleiben die Katzen nie lange allein. Doch die beiden Tiergeschwister scheinen sich auch sonst in der geräumigen Wohnung nicht zu langweilen. Sie wissen sich zu beschäftigen.

Wenn sie nicht gerade durch die Zimmer fetzen oder auf ihrem Kratzbaum herumklettern, hocken Bonita und Frederik gemeinsam an einem der 3 vernetzten Fenster und beobachten stundenlang, was draußen passiert. Und wie mir Frau Sch. am Telefon erzählt, kann sie auch ein Gewitter mit Regenguss, Blitz und Donner nicht von ihrem Platz vertreiben, was doch recht ungewöhnlich für Katzen ist.

## Tipp

Achten Sie bei der Zusammenführung von Katzen und kleineren Heimtieren darauf, dass das Raubtier Katze seine Beute nie jagt oder beißt. Ein Zusammentreffen sollte immer nur unter Aufsicht stattfinden.

# Die beliebtesten Katzenspiele

**1 BALLSPIELE:** Alles was rollt, hüpft, klackert, sich irgendwie verfolgen und fangen lässt, ist hochinteressant. Ob Tischtennisball, Papierknäuel, Korken oder Gummibällchen – Katzen sind wahre Ballkünstler. Sie trippeln, hechten in die Luft, spielen Torwart und manche von ihnen können sogar regelrecht apportieren.

**2 FUNLIGHT:** Ein Sonnenstrahl über den Taschenspiegel gelenkt oder ein kleiner Lichtpunkt aus der Taschenlampe blitzt auf und huscht durchs Zimmer. Auch gelangweilte Wohnungstiger kommen hierbei in Fahrt und werden zu wilden „Lichtjägern".

**3 VERSTECKEN:** Am liebsten tut Katze dies unterm Sofa oder hinterm Tischtuch. Auf den Boden gedrückt zuckt ihr Schwanz vor Anspannung, der Popo wippt hin und her. Dann plötzlich der Beutesprung, um dann blitzschnell wieder in der Deckung zu verschwinden – einfach köstlich.

**4 SNACKBALL:** Unter diesem Namen im Fachhandel erhältlich, wird der Plastikball mit „Leckerli" gefüllt. Spielaufgabe für die Katze: Den Ball so lange hin- und herrollen, bis die Belohnung durch eine Öffnung herauskullert. Die Lochgröße, und damit der Schwierigkeitsgrad der Aufgabe, wird mit Hilfe eines kleinen Schiebers reguliert.

**5 PFOTELEIEN:** Was uns Menschen die Hände sind, sind Mieze die Vorderpfoten. Bewegen Sie in einem Karton mit Löchern eine Spielmaus mit Hilfe einer Kordel hin und her. Ihre Katze wird pfoteln wie in einem Mäuseloch und begeistert mitspielen.

**6 BETTSPIEL:** Morgens vor dem Aufstehen wandere ich mit dem Finger raschelnd unter der Bettdecke entlang, bis meine Katze mit einem Satz auf die Beute losspringt und – das gehört dazu – auch schon mal reinbeißt. Aber keine Angst, die Decke ist ja dazwischen. Allerdings rate ich davon ab, mit nackten Zehen aus der Decke herauszuwackeln.

Ungewöhnlich ist auch die Vorliebe für Wasser, die Bonita im Laufe der Zeit entwickelt hat. Wenn ihre Zweibeiner baden oder duschen, ist Bonita stets dabei. Kaum ist man fertig und hat das Wasser abgelassen, springt Bonita in die Wanne und wälzt sich wohlig in der zurückgebliebenen Wasserlache.

Als die beiden Katzen schon recht bald nach ihrer Ankunft anfingen das Granulat aus den Blumentöpfen herauszuwühlen und ein scharfes „Nein!" nichts bewirkte, empfahl ich den Haltern sie beim direkten Ertappen mit einem Wasserstrahl aus der Blumenspritze zu bestrafen. Diese sanfte Erziehungsmaßnahme wirkt fast immer. Sie hat den Vorteil, dass die Katze die Strafe nicht direkt mit ihrem Menschen in Verbindung bringt und deshalb kein Vertrauensverlust entsteht. Allerdings wusste ich damals noch nichts von Bonitas Liebe zum Wasser. Während Frederik nach zweimaligem Anspritzen zukünftig die Blumentöpfe in Ruhe ließ, genoss Bonita die kleine Dusche regelrecht. Bei ihr half aber schließlich ein energisches lautes Händeklatschen.

Eines Tages erneuerte Frau Sch. ihre Vorhänge im Schlafzimmer. Sie wählte ein durchsichtiges Material mit aufgedruckten bunten Schmetterlingen. Da waren Frederik und Bonita nicht mehr zu halten. Sie machten Jagd auf die hübschen Falter. Frau Sch. blieb nichts anderes übrig, als die Vorhänge auszuwechseln und ein neues Spielzeug zu kaufen: einen kleinen bunten Schmetterling aus weichem Material an einer Schnur. Nun wird neben dem „Fang das Spielmäuschen" auch noch „Fang den Schmetterling" gespielt. Mit 8 Monaten wird Bonita rollig und Frederik muss sicherheitshalber im Nebenzimmer bleiben. Doch während er hinter verschlossener Tür wartet, sitzt eine andere schwarze Katze auf der Mauer nahe dem vernetzten Fenster. Und als Bonita laut miauend ihren Popo durchs Netz streckt ... Nein, es passiert jetzt nicht, was Sie vielleicht denken. Es ist eine Kätzin, die Bonitas Verlangen nicht weiter interessiert.

Mit seinen 4 Monaten ist Flori schon ein großer, kräftiger Kater geworden. Und wenn im Herbstlaub etwas raschelt, dann legt er sich ganz nach Katzenart gespannt auf die Lauer.

Kurze Zeit nach der Rolligkeit werden beide, Bonita und Frederik, kastriert. Eine Kätzin während der Rolligkeit zu kastrieren, ist zu riskant. Nach neuesten medizinischen Erkenntnissen empfiehlt sich die Kastration in einem Alter zwischen 5 und 6 Monaten.

## Die Anderen ...

2 Kinder Serafinas, Amadeus und Pascha, eroberten auf Anhieb das Herz der 10-jährigen Melanie und leben seitdem zusammen mit Mutter und Tochter in einer Erdgeschoss-Wohnung mit kleinem Garten. Pascha, der in seiner Jugend am liebsten immer seine eigenen Wege ging und nur tat, was er wollte, gibt sich in seinem neuen Zuhause sehr gesellig. Amadeus, immer schon ein Oberschmuser, begrüßt auch heute noch jeden Besucher und will von ihm gestreichelt werden. Melanie ist eine fürsorgliche Katzenfreundin, die allen ihren Freundinnen genau erklärt, wie man mit den Tieren richtig umzugehen hat.

Isabellas Sohn Pipo wohnt zusammen mit der ein Jahr älteren Kara, ebenfalls eine Kätzin von mir, in

Tägliche Schmusestunden mit ihrem Menschen sind wichtig für die Katze und ein Genuss für beide. Wenn man zwei Katzen gleichzeitig streichelt, dann verhindert das Eifersucht. Ansonsten muss man darauf achten, dass keine zu kurz kommt. Das Foto zeigt Frederik und Pascha im Alter von 4 Monaten.

einer gemütlichen Wohnung mit großem gesichertem Balkon. Die kastrierte Kara allerdings bemutterte anfangs den kleinen Pipo zu sehr. Pipo wurde dadurch in der Pubertät so aufsässig, dass die Kätzin Mühe hat, sich ihm gegenüber noch Respekt zu verschaffen. Erst nach seiner Kastration hat sich sein Benehmen gebessert und nun kommen beide gut miteinander aus.

## Achten Sie auf das Temperament

Ich habe die Erfahrung gemacht, dass Kätzinnen zumeist die höflichen, sanften Kater, so wie es beispielsweise Floris Wesen ist, im Zusammenleben bevorzugen. Allzu raues Spielverhalten und Machogehabe, das viele Kater untereinander an den Tag legen, bereiten sensiblen Kätzinnen häufig Schwierigkeiten.

Es ist daher wichtig, bei Katzen, die zusammenleben sollen, darauf zu achten, dass sie möglichst im Temperament harmonieren. So sollten Sie zum Beispiel nie eine äußerst scheue und unsichere Katze einer sehr bestimmenden, dominanten dazugesellen. Es kann sonst passieren, dass die Schwächere zu sehr unterdrückt wird und schließlich mit Verhaltensproblemen reagiert.

In meiner Katzengruppe sorgt „peacemaker" Lionel für Frieden und Ordnung. Selbst Serafina, eine Art weibliche Oberkatze, darf ihre Dominanz nicht zu sehr ausspielen, sonst wird sie von Lionel gebremst. Die Rangordnung ist in einer Katzengemeinschaft nicht so festgelegt wie in einem Hunderudel. Sie kann wechseln und wenn eine Kätzin Junge hat, steigt sie automatisch im Ansehen und wird von den übrigen Artgenossen mit größerem Respekt behandelt.

## Frederik

### DER VERSCHWUNDENE SCHUH

Frederiks und Bonitas Halterin war sich sicher, dass sie ihre Riemchensandaletten ordentlich im Flur abgestellt hatte. Schon öfters fand sie jedoch einen dieser Schuhe entweder unter der Kommode oder unter dem Schrank. Von alleine war er doch sicher nicht dorthin gewandert, oder? Eines Tages kam sie hinter das Geheimnis. Sie beobachtete Frederik, wie er sich einen Schuh „anzog". Dazu schlüpfte er einfach mit seinen beiden Vorderbeinen unter den Riemen und „surfte" anschließend samt Schuh über den Boden. Und ganz Frederiks Art, landet er während dieses lustigen Spiels gelegentlich unter der Kommode oder dem Schrank. Dort ist erst mal Ende mit der Weiterfahrt. Er steigt aus dem Schuh und lässt ihn liegen. Vielleicht sollten seine Menschen Frederik ein kleines Skateboard kaufen, wenn der Kater schon solch ungewöhnliche Vorlieben hat.

An einem sonnigen Wintertag unternehme ich mit La Bomba einen Ausflug in die Berge. Als Schneeflocken von der verschneiten Tanne rieseln, schüttelt sie sich nur kurz, lässt sich aber nicht weiter in ihrer Abenteuerlust bremsen. Dann versucht sie mit einem gekonnten Salto den kleinen Schneeball zu fangen, den ich ihr zuwerfe.

## Bei mir Zuhause ...

Es ist ruhiger geworden im Haus. Die großen Katzen, allen voran die beiden Mütter, genießen nun die Zeit, die sie ganz für sich alleine haben. Nur meine 3 süßen „Teenies", die bei mir geblieben sind, sorgen weiterhin für Leben in der Bude. Natürlich geht es lange nicht mehr so turbulent zu wie mit 11 kleinen wilden Rabauken im Haus.

La Bomba, Flori und Silvester verstehen sich prächtig und haben sich hervorragend in die Gemeinschaft integriert. Die Kater sind inzwischen kastriert. La Bomba wird meine Nachwuchskätzin und vielleicht im nächsten Jahr ihre ersten Jungen bekommen, allerdings erst dann, wenn sie mindestens ein Jahr alt ist, keinesfalls früher.

Flori ist mit seinen 8 Monaten ein kräftiger Kater geworden. Er hat ein samtiges Plüschfell und bernsteinfarbene große Augen. In seinem Wesen und Aussehen ähnelt er mehr und mehr seiner Britisch-Kurzhaar-Mama Isabella: sanft, verträglich und besonders bei allen Kindern sehr beliebt. Nur seine Verfressenheit macht uns ein bisschen zu schaffen. Hier hilft nur „FDH", was ihm natürlich gar nicht gefällt.

Titelkater Silvester hat das silberne Grundfell seiner Mama Serafina geerbt, allerdings mit hellrotem Tiger-Touch darüber. Sein buschiger Schwanz erinnert an ein Eichhörnchen. Für einen Maine-Coon-Mix ist er zwar ein bisschen klein geraten, denn diese Rasse ist ja die imposanteste überhaupt, doch dies macht er mit seinem Charme mehr als wett. Er ist immer guter Laune und steckt alle – sowohl Zwei- als auch Vierbeiner – damit an.

## Tipp

Katzen unterscheiden zwischen ihrem Verhältnis zu Artgenossen und zu ihren Menschen. Achten Sie beim Umgang mit Ihren Stubentigern immer darauf, dass keine beim Spielen und Streicheln zu kurz kommt.

Weihnachten steht vor der Tür und
natürlich haben wir auch unsere Kätzchen
mit Geschenken bedacht.

La Bomba ist der Star geblieben, der sie immer war: sehr intelligent, lernfreudig, für alles Neue zu begeistern. Und noch immer kann ich sie überall hin mitnehmen, sei es zu einem Ausflug in die Natur, zu Filmaufnahmen oder zu einem Besuch. Sie scheint es zu genießen, im Mittelpunkt zu stehen und freut sich, wenn ich ihr immer wieder kleine Lernaufgaben gebe. Ich kann mit ihr fast wie mit einem Hund ohne Leine draußen spazieren gehen. Manchmal läuft sie dann voraus, versteckt sich in einem Busch und springt plötzlich blitzschnell daraus hervor, wenn ich vorbeigehe. Doch ihre Mama Serafina duldet es nicht, wenn sie sich zu sehr in den Mittelpunkt drängt. Dann gibt es auch schon mal einen kleinen Verweis per Tatzenhieb, den La Bomba respektiert.

Wenn Streichel- oder Spielzeit ist, achte ich stets darauf, dass keines meiner Tiere zu kurz kommt. Dies ist sehr wichtig, damit es nicht zu Eifersüchteleien kommt. Mit Artgenossen können sich Katzen im Zusammenleben durchaus freundschaftlich arrangieren. Die besondere Beziehung zu ihrem Menschen jedoch ist jeder Katze „heilig". Hier darf sich kein Artgenosse dazwischendrängeln.

Während ich nun die letzten Zeilen für dieses Buch in meinen Computer tippe, kratzt Serafina energisch an meiner Bürotür. Ich lasse sie eintreten und mit freudig erhobenem Schwanz springt sie unverzüglich auf den Schreibtisch. Erst knabbert Serafina an meiner Palme, denn die übrigen Grünpflanzen im Haus schmecken natürlich nicht so interessant wie die, die hinter einer verschlossenen Tür steht. Schließlich drückt sie sich an mich und gibt mir gurrend und maunzend Köpfchen ...

Okay, habe schon verstanden, Serafina. Es wird Zeit zum Schmusen, zum Spielen und fürs Abendbrot. Dass Menschen auch immer so viel arbeiten müssen. Wie soll Katze das verstehen? Es gibt doch viel schönere Dinge im Leben. Ja, wie sagte doch vor kurzem ein Freund zu mir: „Wenn ich noch einmal auf die Welt komme, dann werde ich Katze bei dir."

Advent, Advent, ein Lichtlein brennt, erst eins, dann zwei ... Draußen ist es eisig kalt, so dass sich Eisblumen am Fenster gebildet haben. Frederik und Flori spielen noch ein letztes Mal zusammen. Bald werden sie, jeder für sich, in ihrer neuen Familie das bevorstehende Weihnachtsfest feiern.

# Wie sehen diese Katzenkinder...

Wie sehen diese Kätzchen als Erwachsene aus? Versuchen Sie sich in dem nachfolgenden Ratespiel. Es ist gar nicht so schwer. Und ganz spielerisch lernen Sie dabei beliebte und exotische Katzenrassen kennen und natürlich auch die beliebteste von allen: die Europäisch Kurzhaar, sehr viel bekannter unter der Bezeichnung „Hauskatze".

Auf weißen Pfoten komm ich daher. Wer bin ich?

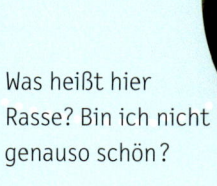

Was heißt hier Rasse? Bin ich nicht genauso schön?

Dieses Kätzchen behält seine strahlend blauen Augen ein Leben lang.

Noch sind die beiden klein, doch später werden sie die Größten.

Blaugrau und plüschiges Fell. Man kennt sie aus der Fernsehwerbung.

Dieses kleine Tigerchen ist zahlenmäßig „Rasse Nr. 1" unter den Katzen.

Sie kommen aus einem asiatischen Land, das dieser Rasse auch den Namen gab.

g

Ihre Markenzeichen sind die Stupsnase und ihr später sehr langes Fell.

h

i

j

Den exotischen Look hat sie von einer Wildkatze aus dem Dschungel geerbt.

Mal mit blaugrauem Fell, mal in Cremefarben. Erkennen Sie mich?

Miau, ich habe eine Fellfarbe wie ein Wildkaninchen, stamme aber aus Afrika.

l

k

Wie die kleine Rote, darf nur sie sich eine echte Langhaarkatze nennen.

# ... später mal aus?

## Perser

Langhaarrasse mit äußerst pflegeaufwändigem Fell; alle Farbvarianten möglich. Standardtiere sind leider inzwischen extrem überzüchtet. Ruhiges Wesen, ideale Wohnungskatze.

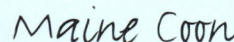

## Maine Coon

Halblanghaarkatze nordamerikanischen Ursprungs. Sehr große imposante Tiere in vielen Farben: Am beliebtesten sind die Tabbys. Bewegungsfreudig, freundlich, aber mit Hoheitsanspruch in der Katzengruppe. Absolute Trendrasse.

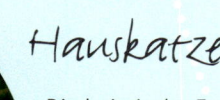

## Hauskatze

Die heimische Europäische Kurzhaarkatze gibt es in den vielfältigsten Fellfarben und mit unterschiedlichsten Temperamenten. Am weitesten verbreitet: die Tigerchen. Als reine Wohnungskatze nur geeignet, wenn sie auch in der Wohnung aufgewachsen ist.

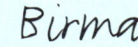

## Birma

Halblanghaarrasse mit hellbeiger Fellfarbe und dunkleren, siamähnlichen Abzeichen. Markenzeichen: die reinweißen Pfoten und die blauen Augen. Freundliche, gesellige Katze, die auch gut in der Wohnung zu halten ist.

## siam

Traditionelle Siam oder Thai (Foto) werden von Liebhabern gegenüber den heutigen extremen Standardsiams bevorzugt. Intelligente, sprachfreudige, sensible, gelegentlich aufdringliche Kurzhaarrasse. Markenzeichen: blaue Augen und die typische Siamzeichnung.

## Burma

Sie stammt aus Burma und erhielt deshalb auch den Namen des Landes. Elegante, muskulöse Kurzhaarkatze in Schokobraun, Creme und einigen anderen Farben. Wesen: lebhaft, sehr anhänglich, ist gerne die „Nr. 1".

## Kartäuser

Hier die blaue Variante unter den Britisch Kurzhaar, die es in allen Farben gibt. Kompakte Katze mit Teddyfell und verträglichem, ruhigem Wesen; gut für die Wohnungshaltung geeignet.

## Abessinier

Muskulöse Kurzhaarkatze, deren Fell noch immer an ihre Vorfahren, die afrikanischen Falbkatzen, erinnert. Sehr aufgeweckt, anhänglich, bewegungsfreudig und gern im Mittelpunkt stehend. Man kann ihr gut Kunststücke beibringen.

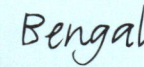

## Bengal

Sie entstand aus einer Verpaarung mit wilden Bengalkatzen und domestizierten Katzen. Teure und exklusive Kurzhaarrasse. Wesen: sehr verspielt, bewegungsfreudig, aber nicht aufdringlich. Gut verträglich mit Artgenossen.

## Auflösung:

Auflösung: 1 h, 2 d, 3 c und f, 4 a, 5 b, 6 g, 7 e und j, 8 k, 9 i.

# Rassen- und Sachregister

# Adressen und Impressum

## Verbände/Vereine

> Deutscher Edelkatzenzüchterverband e.V. (1. DEKZV e.V.), Berliner Str. 13, 35614 Asslar, www.dekzv.de
> Deutsche Rassekatzen-Union e.V. (D.R.U.), Geschäftsstelle: Hauptstr. 56, 56814 Landkern, www.dru.de
> Österreichischer Verband für die Zucht und Haltung von Edelkatzen (ÖVEK), Liechtensteinstr. 126, A-1090 Wien, www.oevek.org
> Fédération Féline Helvétique (FFH), Denise Kölz, Solothurnerstr. 83, CH-4053 Basel, www.ffh.ch
> Deutscher Tierschutzbund e.V., Baumschulallee 15, 53115 Bonn, www.tierschutzbund.de

## Zeitschriften

> Katzen extra. Symposion Verlag, Saarbrücken
> Geliebte Katze. Gong Verlag, München
> TierBILD. Axel Springer Verlag, Hamburg

Bezugsquelle und Installation von Kleintierschutzzäunen: „Katzenoase", M. Ehrl, Schleißheimerstr. 322, 80807 München

Adresse des unterstützten Tierheims: Franz-von-Assisi-Tierheim, Roßwachtstr. 33, 85221 Dachau

Hinweis: 2004 erscheint der Kalender zu diesem Buch im Heye Verlag, München: Monika Wegler, Katzenkinder 2005

## Impressum

©2003 Gräfe und Unzer Verlag GmbH, München. Alle Rechte vorbehalten. Nachdruck, auch auszugsweise, sowie Verbreitung durch Bild, Funk, Fernsehen und Internet, durch fotomechanische Wiedergabe, Tonträger und Datenverarbeitungssysteme jeder Art nur mit schriftlicher Genehmigung des Verlages.

Programmleitung: Steffen Haselbach
Leitende Redaktion: Anita Zellner
Redaktion: Gabriele Linke-Grün
Umschlaggestaltung und Layout: Sabine Krohberger, independent Medien Design
Herstellung: Susanne Mühldorfer
Satz: Cordula Schaaf
Reproduktion: Penta, München
Druck: Appl, Wemding
Bindung: Monheim, Monheim

Printed in Germany
ISBN 3-7742-5933-X

Auflage: 4.  3.  2.  1.
Jahr:    06  05  04  2003

GRÄFE UND UNZER

*Ein Unternehmen der*
GANSKE VERLAGSGRUPPE

## Das Original mit Garantie

Ihre Meinung ist uns wichtig. Deshalb möchten wir Ihre Kritik, gern aber auch Ihr Lob erfahren. Um als führender Ratgeberverlag für Sie noch besser zu werden. Darum: Schreiben Sie uns! Wir freuen uns auf Ihre Post und wünschen Ihnen viel Spaß mit Ihrem GU-Ratgeber.
Unsere Garantie: Sollte ein GU-Ratgeber einmal einen Fehler enthalten, schicken Sie uns das Buch mit einem kleinen Hinweis und der Quittung innerhalb von sechs Monaten nach dem Kauf zurück. Wir tauschen Ihnen den GU-Ratgeber gegen einen anderen zum gleichen oder ähnlichen Thema um.
Ihr Gräfe und Unzer Verlag
Redaktion Heimtier
Stichwort: Katzenkinder
Postfach 860325
81630 München
Fax: 089/4 19 81-113
e-mail:
leserservice@graefe-und-unzer.de

# Die Autorin und Fotografin:

## Monika Wegler

Sie wurde am 21. April 1949 in Köln geboren. Seit 20 Jahren arbeitet Monika Wegler als selbstständige Tierfotografin und Buchautorin in München. Sie hat über 40 erfolgreiche Tierratgeber veröffentlicht, ist bekannt durch viele Kalender und Publikationen in Zeitschriften und Werbung.

„Tiere liegen mir sehr am am Herzen, und deshalb ist es selbstverständlich für mich, mit einem Teil des Honorars meiner Arbeit Tier- und Umweltschutzprojekte zu unterstützen. Diesmal das Franz-von-Assisi-Tierheim vor den Toren Münchens. Hier hat die Leiterin, Silvia Gruber, eine vorbildliche Katzenwaisen-Aufzuchtstation eingerichtet, denn leider gibt es immer noch unzählige verwaiste und kranke Kätzchen, die niemand haben will. Bedanken möchte ich mich bei allen, die für dieses Buch ihr Bestes gegeben haben: der Redakteurin und Lektorin Gabriele Linke-Grün, den Grafikerinnen Sabine Krohberger und Cordula Schaaf, der Herstellerin Susanne Mühldorfer und vor allem der Chefredakteurin Anita Zellner. Ein Dank auch an Herrn Dr. Hoffmann, München, für seine tierärztliche Betreuung. Und „last but not least" danke ich ganz herzlich meinen beiden wundervollen Katzenmüttern Isabella und Serafina, Kater Dolittle, Sir Lionel und den elf zauberhaften Katzenkindern, von denen drei Superstars bei mir geblieben sind, so dass meine kätzische Gemeinschaft auf sechs angewachsen ist."

# GU KATZENRATGEBER

*damit Ihre Katze sich wohl fühlt*

ISBN 3-7742-5924-0
*48 Seiten | € 4,90 [D]*

ISBN 3-7742-1266-X
*64 Seiten | € 8,90 [D]*

ISBN 3-7742-5095-2
*128 Seiten | € 12,90 [D]*

ISBN 3-7742-5766-3
*64 Seiten | € 7,90 [D]*

ISBN 3-7742-5663-2
*64 Seiten | € 7,90 [D]*

*Die Welt der Katzen entdecken und alles erfahren, was man schon immer über die kleinen Tiger wissen wollte! So klappt das harmonische Zusammenleben von Mensch und Katze von Anfang an.*

**WEITERE LIEFERBARE TITEL BEI GU:**

➤ TIERE ERLEBEN: Katzen

➤ GU TIERRATGEBER: Meine Katze macht was sie will

**Gutgemacht. Gutgelaunt.**

Änderungen und Irrtum vorbehalten.